KARIN MICHAËLIS
EN EUROPÆISK HUMANIST

Birgit S. Nielsen

KARIN MICHAËLIS
En europæisk humanist

Et portræt i lyset af hendes utopiske roman
Den grønne Ø

MUSEUM TUSCULANUMS FORLAG
KØBENHAVNS UNIVERSITET
2004

Karin Michaëlis – En europæisk humanist
© Museum Tusculanums Forlag 2002 og 2004
2. oplag 2004, uændret genoptryk
Omslag: Pernille Sys Hansen
Sat med Palatino og trykt på 100 g Book Design Smooth
Trykt hos Special-Trykkeriet Viborg a-s

ISBN 87 7289 954 9

Forsideillustration:
Portræt af Karin Michaëlis, malet 1939 af hendes gode ven Niels Hansen.
Billedet hænger i Thurøs bibliotek Bergmannhus,
som tidligere tilhørte Karin Michaëlis.
Gengivet med tilladelse fra Niels Hansen.

Bagsideillustration:
Den grønne Ø. Farvelagt tegning af Hedvig Collin.

Forsidefotograf: Malerens barnebarn Niels Hansen

Bogen er udgivet som nr. 338 i skriftserien
Studier fra Sprog- og Oldtidsforskning

Museum Tusculanums Forlag
Njalsgade 94
DK-2300 København S
www.mtp.dk

Indholdsfortegnelse

Forord 7
I.   Indledning 9
II. Karin Michaëlis' liv og værk 16
III. *Bibi*-bøgerne 46
IV. Romanen *Den grønne Ø* 59
Den grønne Ø's tilblivelses- og udgivelseshistorie 59
    Første arbejdsfase 1923-24 59
    Anden arbejdsfase 1932-33 66
    Den danske udgave 1933-36 71
Analyse af *Den grønne Ø* 72
    Romanens realistiske miljø. En nøgleroman? 72
    Romanens opbygning og forløb 76
    Den samfundspolitiske og økonomiske udvikling
      i romanen 81
    Religiøse og mytiske træk i romanen 87
    Personer, miljø, stil og sprog 90
    Jordemoderen og hendes rolle i romanen 93
    Jordemoderens forhistorie i de forskellige versioner 96
    Jordemoderen som selvportræt af Karin Michaëlis 102
V.   Karin Michaëlis og antisemitismen 106
VI. Konklusion 110

Noter 114
Bibliografi 132

*Til Willy Dähnhardt
& Morten Nielsen*

Forord

Dette bind vil tegne et portræt af forfatteren Karin Michaëlis, en fremtrædende dansk og europæisk humanist.

Min interesse for Karin Michaëlis blev vakt i begyndelsen af 80'erne af professor Steffen Steffensen, der bad mig undersøge hendes forhold til de tyske emigranter, der fandt tilflugt i Danmark efter 1933. Hans *praeterea censeo* over for mig var, at jeg skulle skrive en lille bog om Karin Michaëlis. Jeg har da også taget nogle tilløb. Men da Steffen Steffensen døde i 1984 blev det i stedet til en mangeårig fortsættelse af hans undersøgelser om tyske intellektuelle emigranter i Danmark i samarbejde med Henriette Riskær Steffensen og seniorforsker ved Det Kongelige Bibliotek Willy Dähnhardt – og kun til nogle få artikler om Karin Michaëlis.

Dette bind prætenderer ikke at være en biografi, men et portræt, der lægger vægten på hendes børne- og ungdomsbøger, først og fremmest den utopiske ungdomsroman *Den grønne Ø*. Mange aspekter er derfor udeladt eller får kun en kort omtale. De "briller", med hvilke jeg har læst Karin Michaëlis, er først og fremmest germanistens.

Det er fascinerende at følge Karin Michaëlis' udvikling fra en kejtet out-sider i et beskedent provinsmiljø i Randers til en internationalt anerkendt forfatter, en kosmopolitisk verdensdame, der færdedes hjemmevant i de mest forskellige miljøer i hele Europa.

I. Indledning

Den danske forfatter Karin Michaëlis, der levede fra 1872 til 1950, var i første halvdel af det 20. århundrede berømt ikke blot som forfatter, men også som en af de mest fremtrædende humanistiske kulturpersonligheder i Europa. Hendes berømmelse skyldtes dels hendes omfattende skønlitterære forfatterskab, der skaffede hende stor anerkendelse særlig i Tyskland og Østrig, men i lige så høj grad hendes vitale og godgørende væsen. Hun havde en ubegrænset kærlighed til alt levende og en sjælden vilje til at trodse gældende konventioner.

Karakteristisk for hendes vidtspændende personlighed var også, at hun med sin usædvanlige charme fik en nær kontakt til de mest forskelligartede mennesker. Hun havde venner blandt adelige, opnåede vagabonders og kriminelles fortrolighed, og hun vandt mange ledende europæiske åndspersoners og forfatteres venskab og respekt.

Karin Michaëlis var uhyre flittig både som forfatter, som foredragsholder og som deltager i den aktuelle debat i aviser, danske såvel som udenlandske. Samtidig fandt hun tid til at høre personligt på folk i vanskeligheder, hjælpe dem økonomisk eller korrespondere med dem, og på Thurø, hvor hun havde sit hjem i over 30 år, udviste hun en stor gæstfrihed.

Sit humanitære engagement begyndte Karin Michaëlis at udfolde allerede under Første Verdenskrig; men hendes navn huskes i dag nok først og fremmest i forbindelse med den enestående hjælp, hun ydede tyske flygtninge, der efter 1933 fandt tilflugt hos hende på Thurø, blandt mange andre Bertolt Brecht og hans familie, der forblev i Danmark til 1939. Hun omtales derfor naturligt i enhver Brecht-biografi såvel som i en nylig udgivet biografi om Helene Weigel.[1] At drivkraften i Karin Michaëlis' personlighed var medfølelse og hjælpsomhed ud over det sædvanlige, vidner talrige takkebreve om fra både kendte og mindre kendte mennesker, breve som findes i hendes arkiv i Det Kongelige Bibibliotek. Der er breve fra politikere, politiske fanger, naboer, forfattere i udlandet såvel som fra danske kolleger, f.eks. fra Harald Herdal, Peter Freuchen, Thit Jensen og Agnes Henningsen. Et karakteristisk eksempel på et takkebrev er et brev fra Johs. V. Jensen, der den 21. december 1931 bl.a. skrev:

> "Deres Godhed, ved jeg, gaar over Gevind. Ved De ikke at jeg er en velhavende Mand. Ikke desto mindre har jeg aldrig kendt Mage. Og nu skal jeg sige Dem noget. De skal ikke give til De ikke har noget, Deres bedste Venner vil føle anderledes for Dem hvis det en Gang skulde blive Dem der trængte til Hjælp. De er Verdens mest large Fruentimmer, jeg er glad for at De ogsaa har villet hjælpe mig op af en Suppe."[2]

Af Karin Michaëlis' godt 50 romaner, der hovedsageligt skildrer kvindeskæbner, blev flere internationale bestsellere, og hendes syv romaner om pigen *Bibi*, der i deres ukonventionelle fantasifuldhed bør ses som en forløber for Astrid Lindgrens *Pippi Langstrømpe*, hørte til de mest læste børnebøger i Europa i 30'erne. I modsætning til sine samtidige kolleger Thit Jensen og Agnes Henningsen synes hun at være næsten glemt i dagens Danmark i en bredere offentlighed, selvom hun naturligvis har sin plads i litteraturhistoriske fremstillinger og også er blevet omfattet med interesse blandt kvindebevægelsens forskere.[3]

Kun få af hendes bøger er blevet genoptrykt efter 1950 i Danmark, heriblandt dog den mesterlige brevroman fra 1924 *Syv Søstre sad*, der blev genudgivet i 1957, og romanen *Den farlige Alder* fra 1910, der udkom igen 1987 med et efterord af Dorrit Willumsen. Med denne sidstnævnte roman, som desuden er genudgivet på både tysk, engelsk og italiensk inden for de sidste 10-15 år, er Karin Michaëlis i øvrigt repræsenteret i *Kindlers Literatur Lexikon*, ligesom hun også som den ene af syv danske kvindelige forfattere er omtalt i *Metzlers Autorinnen Lexikon* fra 1998. I det hele taget synes hun at være på vej til en renaissance i Tyskland, hvor hun også før krigen havde sit vigtigste udenlandske publikum, ikke mindst som børnebogsforfatter. Den tyske version af hendes selvbiografi *Der kleine Kobold* (1948), der er en oversættelse af den amerikanske *Little Troll* (1946), er genudgivet for nylig (1998), *Bibi*-romanerne er i 1995-97 genoptrykt samlet på tysk for tredje gang efter 1945, og hendes børnebog

Lotte Ligeglad er under udgivelse, ligesom hendes utopiske ungdomsroman *Den grønne Ø* planlægges udgivet.[4]

At hun dog har spillet en rolle for yngre danske kolleger, synes følgende brev fra Tove Ditlevsen fra den 23. oktober 1945 at aflægge vidnesbyrd om, i hvilket Tove Ditlevsen omtaler den betydning, hovedfiguren Gunhild har haft for hende i Karin Michaëlis' hovedværk *Træet paa Godt og Ondt*:

"Kære Fru Karin Michaelis!
Da jeg var femten Aar læste jeg første Gang "Træet paa godt og ondt", og det forandrede hele min Indstilling til Tilværelsen (eller rettere: det gav mig en Indstilling). Jeg var saa betaget af Gunhild og hendes Skæbne og hendes vidunderlige Sind, at jeg kom til at tænke og tale som hun, og mange, mange Aar efter var jeg saa impliceret i hende, at alt hvad jeg skrev blev farvet af denne Oplevelse. Nu har jeg lige læst de fem Bøger igen, og det mærkelige skete (De ved jo selv hvordan det er at vende tilbage til sin Barndoms Bøger), at de gjorde det samme Indtryk paa mig som dengang – blot endnu forunderligere og rigere, fordi jeg nu bedre er istand til at forstaa dem og nyde deres kunstneriske Værdi. Kære Karin Michaelis, allerede dengang vilde jeg ha skrevet til Dem, men fik saa at vide at De var i Amerika. Nu er De kommet hjem, og jeg vover at gøre det, sikker paa at De ikke vil finde mig paatrængende. Jeg blir selv saa flov naar nogen skriver og roser mine Bøger, fordi jeg synes jeg narrer dem, naar de har faaet noget ud af Ting jeg har skrevet mig fri af og glemt. Derfor har jeg heller aldrig før skrevet til nogen Forfatter, men jeg har altid vidst at jeg vilde skrive til Dem en Dag – for det er noget andet, Dem holder jeg af, skønt jeg aldrig har set Dem, for De er Gunhild, og hende er der saa meget af i mig. Jeg sender Dem "Barndommens Gade", som ikke er nogen vellykket Bog, men som fortæller lidt om mig. Jeg har Lyst til at sende Dem hele min Produktion, men er bange for at forskrække Dem.

Med de venligste Hilsner sender jeg Brevet ud i det blaa, for jeg ved ikke hvor De bor. Deres hengivne Tove Ditlevsen.
Nu ringede jeg til Politiken og fik Adressen."[5]

Selvom Karin Michaëlis allerede havde haft to internationale gennembrud i henholdsvis 1902 med romanerne *Barnet* og *Lillemor* og i 1910 med *Den farlige Alder*, var det egentlig først med *Pigen med Glasskaarene* og *Lille Løgnerske*, der udgjorde de to første bind af den selvbiografiske romancyklus om pigen Gunhild i *Træet paa Godt og Ondt*, at Karin Michaëlis endelig i 1924 og de følgende år vandt fuld anerkendelse i sit eget land af f.eks. Tom Kristensen og Henrik Pontoppidan. Otto Gelsted skrev, da 3. bind udkom: "Det er et Spørgsmaal, om der i Verdenslitteraturen findes et Værk, der giver et mere umiddelbart Indblik i et kvindeligt Sjæleliv. Karin Michaëlis er med dette forbavsende Arbejde traadt ind i allerførste Række af nordiske Forfatterinder."[6]

Det var også på dette relativt sene tidspunkt, hvor hun allerede havde et omfattende og veletableret forfatterskab bag sig, at hun slog igennem som børnebogsforfatter. Hun var 55 år gammel, da hun udgav sin første børnebog *Bibi* i 1927 (i USA!) og dermed indledte en vigtig ny del af sit forfatterskab. Der er da også uden tvivl en nær indre forbindelse mellem de to første selvbiografiske bøger om pigen Gunhilds barndom i Randers og pigen Bibis opvækst som datter af stationsforstanderen i Randers. Karin Michaëlis, der selv var barnløs, elskede børn og havde en særlig forståelse for dem, og hun satte efter Første Verdenskrig sine forhåbninger om en bedre og måske mere fredelig verden dels til kvinderne, men først og fremmest til børnene. Det kan derfor ikke undre, at hun tillagde børnebøger en vigtig rolle. I en kronik *Børnebøger tæller ikke*, som hun skrev som 75-årig den 14. september 1948 i *Berlingske Aftenavis*, skriver hun indledningsvis:

> "En samler paa Frimærker, en anden paa Førsteudgaver, men alle samler vi paa noget. Tilfældet gjorde mig til Samler af *Gudbørn*. De kommer af sig selv, koster ingen Ting og er dejligt forskellige. Jeg begyndte i al Beskedenhed med et enkelt Barn her, og et dér, men inden jeg vidste af det havde jeg Gudbørn overalt paa Landkortet, ja de syntes at formere sig som Kaniner."

Og hun udtaler videre: "... at læseværdige Børnebøger er Litteraturens vigtigste Skatte. Det er dem, der former den opvoksende Ungdom, dem der hæver Moralen, der belærer de smaa Mennesker om Nødvendigheden af at være gode mod Dyr og Gamle".

Det kan måske overraske, at det er Karin Michaëlis' utopiske ungdomsroman *Den grønne Ø*, der er valgt som genstand for en nærmere analyse i nærværende arbejde, så meget mere som den i næsten alle henseender indtager en særstilling i forfatterskabet. I modsætning til de øvrige værker har denne roman en dreng som hovedfigur og ikke en ung pige eller kvinde, og den udspiller sig ikke som ellers i den private intimsfære omkring ægteskab og familie, men tegner et bredere socialt-politisk miljø. Genremæssigt forlader Karin Michaëlis i en vis udstrækning den realistiske fortælling og begiver sig ind i den fantastiske og utopisk-politiske genre. I bogen beskriver hun, hvordan tilsyneladende hele verden ved en naturkatastrofe synker i havet med undtagelse af en lille ø syd for Svendborg. De 1600 indbyggere, der nu lever i total isolation, må forsøge at overleve med de forhåndenværende midler i en pengeløs verden, der hurtigt omformes til en form for "grønt" socialistisk samfund. En afgørende rolle i løsningen af problemerne spiller foruden drengen Torben øens jordemoder og "kloge kone" med øgenavnet Syltesørine, der i øvrigt har mange træk tilfælles med romanens forfatter. Med stor fantasi og viden udfolder Karin Michaëlis i romanen et væld af de "grønne" ideer, der er så populære og aktuelle i vore dages debat.

Mange af romanens ideer er uden tvivl inspireret af hendes erfaringer fra nødsituationer under og efter Første Verdenskrig, som hun kendte personligt til på baggrund af længere ophold i Tyskland og Østrig-Ungarn mellem 1914 og 1918 og i kriseårene derefter. Romanens ideer om moderne skolereformer og et humanistisk socialt samfundsengagement er klart præget af hendes venskaber med den fremtrædende pædagog og filantrop Eugenie Schwarzwald og med de kendte russisk-amerikanske anarkister Alexander Berkman og Emma Goldman, der alle tre havde en central- og østeuropæisk jødisk baggrund.

Romanen, der tilsyneladende har foreligget i en version allerede 1923-24, blev oversat til tysk i 1932 og udgivet først på tysk i 1933 i en udgave, der formodentlig er censureret på eget initiativ af den tyske forlægger. Den udkom kort efter – ucensureret – på italiensk, hollandsk og tjekkisk, og først 1937 i en ændret, udvidet udgave på dansk. Der er ikke bevaret noget manuskript eller typoskript, så en rekonstruktion må ske alene på grundlag af de trykte udgaver og Karin Michaëlis' korrespondancer med forlæggere og med hendes illustrator Hedvig Collin.

Selvom romanen altså "kun" er en ungdomsbog og i øvrigt står alene i forfatterskabet, synes den ved nærmere læsning og ved undersøgelsen af tilblivelses- og trykkehistorien og de utopisk-socialistiske tanker at udtrykke noget væsentligt om Karin Michaëlis' humanisme og menneskeopfattelse, ligesom den viser hendes evne til i et levende og stadig overraskende moderne sprog at tegne både poetiske, kærlige, humoristiske og satiriske portrætter af en lang række mennesker fra forskellige sociale lag og grupper – for en stor del efter levende model af en række borgere fra Thurø. I en vis forstand er romanen også en nøgleroman.

Hele romanen giver i miniformat gennem skildringen af dette øsamfund samtidig et morsomt og realistisk billede af et – set med vore dages øjne – meget idyllisk, fredeligt landbrugsland Danmark.

Bogen er tillige en kærlighedserklæring til Thurø, hvor Karin Michaëlis levede den største del af sit voksne liv, og hvor hun i 1945 blev æresborger. Det var også her – på, som hun mente, Danmarks smukkeste kirkegård – hun ønskede at blive begravet ved siden af sine nære venner grev Erik Ahlefeldt og maleren Niels Hansen, for de tre ville kende hinanden også på den yderste dag, og i ventetiden kunne de spille sjavs, som Karin Michaëlis kort før sin død sagde til Tom Kristensen.

Romanen genspejler med sine særlige aspekter, ikke mindst i jordemoderskikkelsen og i romanens børn, Karin Michaëlis' humanisme og utopiske håb, som også, men mere indirekte kommer til udtryk i hendes øvrige værker (ikke mindst i *Bibi*-bøgerne) og direkte i hendes ageren både som offentlig og privat person.

Denne bog vil først give et overblik over Karin Michaëlis' liv og værk, herunder en udførligere omtale af *Bibi*-bøgerne. Efter en rekonstruktion af romanen *Den grønne Ø*'s tilblivelses- og trykkehistorie følger en analyse af denne roman med særlig vægt på den selvbiografiske jordemoderskikkelse.

II. Karin Michaëlis' liv og værk

Karin Michaëlis, hvis pigenavn var Katharina Marie Bech Brøndum, blev født den 20. marts 1872 i Randers. Hun voksede op i økonomisk beskedne kår som datter af en telegrafist i en søskendeflok på fem. Hendes mor bidrog til familiens opretholdelse ved at binde kranse. Det var et fattigfint provinsmiljø, hvor især moderen anstrengte sig for at bevare en pæn borgerlig ramme. Karin Michaëlis følte sig som barn som en outsider. Hun var ikke blot kejthåndet og klodset, men hun skelede også. Efter en mislykket og smertefuld operation blev hun vindøjet, og hun led meget under skældsord og tilråb som "skeløjet tøs". Hun omtaler ofte, også i sin høje alder, denne sin "medfødte grimhed". Det pæneste var håret, som hun jo kunne lade hænge ned over ansigtet. Senere kunne hun dog spøge med sit "handicap". Til sin gode ven Dr. Hermann Schwarzwald i Wien, der altid måtte gå med stok på grund af en klumpfod, sagde hun: "Du halter i virkeligheden meget mere på dit højre ben, end jeg skeler på mit venstre øje."

Hendes store forståelse for lidende mennesker går tilbage til barndommen, hvor hun havde en usædvanlig stærk medfølelse med de grimme, de pukkelrygede, dem med hareskår, med fangerne i byens fængsel og med dyr, der blev mishandlet. Men ved siden af smerten ved al lidelse finder vi også en overmåde stor livslyst og livsglæde.

Et vigtigt element i bandomsbyen Randers, som gjorde stort indtryk på hende, var den betydelige jødiske minoritet, den største i Danmark uden for København i det 19. århundrede.

Om sine første og vigtigste læseindtryk i barndommen nævner Karin Michaëlis i en artikel den 3. juni 1931 i *Berlingske Aftenavis*, at hun som fire-femårig læste de drastiske, sukkersøde eller bloddryppende historier i sin bedstemors samling af "Thyra'er", et skillings-ugeblad fra 1850'erne, der virkede så befrugtende på hendes fantasi som ingen anden lekture. Dér fik hun sin "første Indvielse i den mystiske Verden, der hedder Elskov". Disse gavtyveromaner var fulde af udspekulerede overfald og spændende indbrud:

"Oh, hvor havde jeg gerne været Medlem af Banden 'Nattens Brødre'! Jeg læste ved Dag, saa Hjernen slog Gnister – og drømte videre ved Nat. Ofte vidste jeg ikke mere, hvad der var Oplevelse og hvad ren og skær Indbildning."

Det næste læseindtryk var H. C. Andersen. Hun skriver herom:

"Derefter kom som største Modsætning til Skillingsbladets Uhyrligheder, H. C. Andersen. Af ham lærte jeg 'at græde Blod'. Uden helt at kunne forklare mig Aarsagen til min dybe Smerte. Hvad vidste jeg dengang, at Begrebet – Medlidenhed skulde vokse inde i mig, til det overskyggede alt andet og ofte trampede Forstanden sønder og sammen. Hans Christian Andersen staar den Dag i Dag for mig som den, der gav mig Andel i Naturen og Indblik i Alhjertet. Under Mæslingeindespærringen levede jeg paa Feberkost og Taarer fremkaldt ikke blot af Andersens Eventyr og Historier, men af den nye Forstaaelse af, at der var langt mere Sorg til end Glæde – og især, at andre havde saa umaadelig store Sorger, saa mine egne, der ellers kunde synes mig store nok, skrumpede ind til det rene Ingenting."

Efter romaner af Marlitt i de første overgangsår som erstatning for manglende oplevelser fulgte Herman Bang: "Springet til Herman Bang var ikke stort. Herman Bang og H.C. Andersen er for mig Tvillingesjæle paa Evighedens Firmament", siger hun. Siden fulgte, efter Hamsun, de store franske forfattere brødrene Goncourt, Maupassant, Balzac og Colette, om hvem hun skriver:

"...jeg har lært adskilligt af dem i Retning af, hvad der er væsentligt og uvæsentligt for en Prosadigter. Men tænker jeg tilbage paa dem, da forekommer det mig som en Slags Skoleundervisning i Kunsten af skrive. Medens til Eksempel en Colette[7] synes mig det levende Nu og samtidig Broen mellem i Dag og i Morgen. Russerne virkede mere paa min Karakter end paa min Kunst."

Som ganske ung pige tog Karin Michaëlis som privatlærerinde et år til Læsø, et år som hun siden omtalte som det vigtigste i sit liv, hvor hun i et sekterisk religiøst miljø oplevede et særpræget ægteskab på nærmeste hold samt en særegen storladen natur med åben himmel over en nøgen træløs sandet ø – og havet. Det var også på dette tidspunkt, at hun publicerede sine første digte. Hun tog derefter til København for at uddanne sig til pianist hos Victor Bendix. I 1895 giftede hun sig med lyrikeren og dramatikeren Sophus Michaëlis, som hun gav navnet Tao (hun kunne ikke kalde sin elskede Sophus), og med hvem hun levede sammen indtil 1911, hvor de blev skilt, da han blev betaget af en anden, meget smuk, kvinde. Karin Michaëlis forblev barnløs efter en underlivsoperation.

Gennem Sophus Michaëlis kom hun i kontakt med det litterære miljø i København, bl.a. med brødrene Brandes, Herman Bang og Peter Nansen. Og hun blev ligeledes meget nært knyttet til Bjørnstjerne og Karoline Bjørnson.

I 1912 giftede hun sig med den 9 år yngre amerikanske diplomat og senere professor i Berlin, dr. phil. Charles Emil Stangeland, med hvem hun levede sammen i et stormfuldt og problematisk ægteskab i en kortere periode i bl.a. Berlin og London. De afbrød samlivet omkring 1917 på grund af hans sygelige jalousi, men blev først skilt 1925. Efter Charles Stangelands ønske skrev hun en kortere tid under hans navn: Karin Michaëlis-Stangeland. I øvrigt var Karin Michaëlis som fraskilt meget hjælpsom og storsindet over for sine to tidligere ægtemænd.

Sammen med Sophus Michaëlis havde hun købt og indrettet et hus på Thurø, der var tænkt som sommerbolig for parret, i større fred end i et tilsvarende hus i Norsjælland. Kort efter, efter skilsmissen fra Sophus Michaëlis, blev huset "Torelore" på Thurø Karin Michaëlis' faste bopæl, hvor hun i årenes løb udfoldede sin legendariske gæstfrihed, i 1933 bl.a. over for mange tyske emigranter. På det tidspunkt havde hun også købt et stort hus i Thurø by: Bergmannhus, hvor hun selv boede. Det er i dag øens bibliotek, hvor bl.a. Niels Hansens portræt af hende hænger, medens "Torelore" i mange år efter Anden Verdenskrig var beboet af Tom Kristensen.

Karin Michaëlis' første bloddryppende fortællinger, der stilistisk var noget usikre, udkom i 1898 og 1901. Men allerede i 1902 fik hun sit internationale gennembrud med de to små romaner *Barnet* og *Lillemor,* der udkom både på dansk og tysk og i løbet af kort tid på henholdsvis 12 og 15 sprog. Begge romanerne kredser om den kvindelige seksualitet og psyke hos en ung pige i puberteten og hos en ung kvinde, der bliver gift med en ældre mand, der som ung var forelsket i hendes mor. De blev positivt modtaget i Tyskland og Østrig især af kvindelige læsere, og Rilke skrev en meget rosende anmeldelse, i hvilken han fremhæver det nye og nødvendige i hendes kvindeskildringer, som ingen mand ville kunne skrive.[8] Med romanen *Den farlige Alder* fra 1909, der udkom året efter på tysk, vakte Karin Michaëlis voldsom opsigt og forargelse. Den blev revet bort i Tyskland. I løbet af 14 dage solgtes 86.000 eksemplarer, og i 1925 var der solgt 500.000 eksemplarer i Tyskland og 120.000 i Frankrig. Romanen, der meget åbent og chokerende for samtiden skildrer det fysiske forfald og den psykiske labilitet hos en kvinde i den begyndende overgangsalder omkring 40 år, udløste en voldsom diskussion i Tyskland. Den kendte tyske medicinske professor Albert Eulenburg var begejstret for dette bidrag til "den kritiske alders patologi", medens kvindesagsforkæmperne Clara Viebig og Gabriele Reuter var oprørte, fordi de anså bogen for forræderi mod kvindesagen.[9] Clara Viebig skrev dog et forsonligt brev til Karin Michaëlis, i hvilket hun betonede, at hendes negative avisartikel ikke var rettet personligt mod Karin Michaëlis, men var en protest mod fremstillingen af heltinden som en almengyldig kvindetype og ikke som en sygelig undtagelse: "Gott sei Dank, so sind wir Frauen zwischen 40 und 50 denn doch nicht!"[10]

Romanen blev filmatiseret i 1911 af den betydelige danske instruktør August Blom og i 1927 i Tyskland af instruktøren Eugen Illés med Asta Nielsen i hovedrollen (og bl.a. Trude Hesterberg).

Romanens skandalesucces blev anledning til Karin Michaëlis' første foredragsrejse i 1910, og det blev indledningen til en omfattende rejse- og foredragsvirksomhed i Europa, som hun fortsatte i 1920'erne og 30'erne. Hun var blevet inviteret af kvindeforeninger i Tyskland og Østrig, der først var meget fjendtlige over for hende. Der blev tegnet karikaturtegninger af hende, men det lykkedes hende oftest at vende stemningen i forsamlingerne. Hun havde hidtil færdedes blandt skandinaviske kunstnere, men på sine mange rejser åbnede der sig nu og i de følgende år et bredere internationalt perspektiv for hende. Hun fik i 20'erne forbindelse med tyske forfattere og kulturpersonligheder som Albert Einstein, Arno Holz, Gerhart Hauptmann, Klaus Mann[11], Hans Henny Jahnn, den senere nazistiske Friedrich Blunck samt grundlæggeren af den førende reformskole, Odenwaldskolen, Paul Geheeb. – Og hun besøgte statsmænd som Józef Pilsudski, Tomas G. Masaryk og Eduard Benes.

Karin Michaëlis fotograferet 1912 sammen med nære østrigske venner i Semmering, et yndet feriemål for bl.a. kunstnere fra Wien. Stående fra venstre: Eugenie Schwarzwald, Adolf Loos (? – eller muligvis Paul Stefan), Hermann Schwarzwald, fru Paul Stefan. Siddende: Karin Michaëlis og forfatteren Peter Altenberg. Billedet, der er i privateje, er gengivet i R. Streibel (udg.) *Eugenie Schwarzwald und ihr Kreis*, Wien 1996.

Den første foredragsrejse i 1910 førte hende også til Wien. Her lærte hun den jævnaldrende reformpædagog og filantrop Eugenie (Genia) Schwarzwald at kende, og det blev begyndelsen til det vigtigste venskab i begges liv, et venskab som varede indtil Genia Schwarzwalds død i 1940 som emigrant i Ascona.[12] Karin Michaëlis fik sit andet hjem hos ægteparret Schwarzwald. Hun havde fast sit eget værelse stående og opholdt sig næsten hvert år nogle måneder hos dem.

Eugenie Schwarzwald, der stammede fra Czernowitz i Bukovina og havde studeret germanistik i Zürich, blev i 1900 gift med juristen og finanseksperten Dr. Hermann Schwarzwald, der senere blev departementschef i det østrigske finansministerium, og som spillede en afgørende rolle også internationalt ved den økonomiske genopbygning af den nydannede republik Østrig efter Første Verdenskrig. Med sine reformskoler i Wien ønskede Genia Schwarzwald ikke blot at give piger uddannelsesmuligheder på alle niveauer, men også at skabe en skole uden tvang og blind autoritetstro. Det skulle være en skole præget af glæde og rige individuelle udfoldelsesmuligheder, ikke mindst med hensyn til barnets musiske evner. Hver eneste dag skulle være så værdifuld og glædelig, som om det var den sidste. Genia Schwarzwald støttede unge, endnu ukendte, ubemidlede kunstnere som Oskar Kokoschka, Adolf Loos og Arnold Schönberg, der i perioder underviste på hendes skole. Blandt hendes mange elever var Brechts senere hustru, skuespillerinden Helene Weigel, og forfatterne Vicki Baum, Alice Herdan-Zuckmayer, Hilde Spiel og Maria Lazar. Der var også mange halve og hele fripladser for ubemidlede elever på skolerne, og "Frau Doktor"s daglige "Sprechstunde" blev en institution i Wien. Hun blev opsøgt af nødlidende, og hun kunne med sin energi og opfindsomhed næsten altid finde på råd. Karin Michaëlis, der havde kedet sig grundigt i sin egen skoletid, oplevede med begejstring pædagogikken i Genia Schwarzwalds skole og skildrede den i halv fiktiv form (uden at nævne de rigtige navne) i *Glædens Skole*, der udkom i 1914. Den svenske pædagog, kvindesagsforkæmper og forfatter Ellen Key, der kendte Genia Schwarzwald og hendes skole, skrev begejstret til Karin Michaëlis om bogen,[13] og det er også dette frie opdragelsesideal, som Karin Michaëlis senere udfolder i *Bibi* bøgerne. Ellen Key opfordrede i øvrigt i

Oskar Kokoschka: Portræt af Hermann Schwarzwald, der skriver Karin Michaëlis' navn på papiret foran sig, 1911. Gengivet i W. J. Schweiger *Der junge Kokoschka*, Wien 1983.

1926 i en skrivelse få uger før sin død Karin Michaëlis og Eugenie Schwarzwald, som hun anså for sine arvtagere, til at føre hendes kamp videre for pacifisme, skolereformer og børneopdragelse til fred.[14]

I ægteparret Schwarzwalds gæstfri, liberale hjem, der var én af de kendte saloner i Wien (i konkurrence med bl.a. Alma Mahlers), mødte Karin Michaëlis en europæisk elite af kunstnere og intellektuelle, foruden arkitekten Adolf Loos og maleren Oskar Kokoschka, også forfatterne Jacob Wassermann, Rainer Maria Rilke, Karl Kraus, musikerne Rudolf Serkin, Emmy Heim, Helge Lindberg, Lotte Lehmann og juristen Helmuth James von Moltke. Men også fremtrædende danskere som Erik Scavenius, Bodil Ipsen, Merete Bonnesen, Heinrich Bach og senere Aage Dons færdedes her, og Karin Michaëlis formidlede, at den unge Poul Henningsen fik personlig kontakt med Adolf Loos.[15] Hver søndag var ægteparrets hjem åbent for den store vennekreds og ægteparret var så kendt i Wien, at det er delvis model for ægteparret Tuzzi i Musils *Der Mann ohne Eigenschaften*, ligesom Genia Schwarzwald er portrætteret i Hofrätin Schwarz-Gelber i Karl Kraus' *Die letzten Tage der Menschheit*.[16]

I en kronik i *Politiken* fra den 26. oktober 1917 *Galningen Kokoschka*[17] beskriver Karin Michaëlis meget levende og morsomt, hvordan Kokoschka tegnede hende på få minutter, medens han kravlede rundt på gulvet, og hun pakkede sin kuffert. Han offentliggjorde den i hendes øjne skrækkelige tegning i Hervarth Waldens ekspressionistiske tidsskrift *Der Sturm*.

Under Første Verdenskrig fornægtede Genia Schwarzwalds humanitære handlekraft sig heller ikke, og den fik uden tvivl en stærkt prægende betydning for Karin Michaëlis, både for hendes holdning til krigen og hendes hjælpeindsats for dens ofre, såvel som for hendes senere humanitære engagement. Genia Schwarzwald optog flygtningebørn fra de østlige dele af Habsburgmonarkiet med den erklærede hensigt at opnå, at disse børn i det mindste for nogle timer om dagen skulle glemme deres elendighed som flygtninge. Men en endnu mere bemærkelsesværdig social bedrift under krigen blev, at hun – uden kapital, den måtte hun først skaffe til veje – skabte de såkaldte "Gemeinschaftsküchen", en slags folkekøkkener, som hun ønskede skulle være en mellemting mellem "[café] Sacher og

Oskar Kokoschka: Portræt af Karin Michaëlis fra 1911, der blev offentliggjort i det ekspressionistiske tidsskrift *Der Sturm*. Gengivet i W. J. Schweiger *Der junge Kokoschka*, Wien 1983.

Volksküche", og som blev smukt indrettede af arkitekten Adolf Loos (der også havde indrettet hendes skole og hendes og hendes mands hjem), og hvor man kunne få et billigt måltid mad. I 1918 fandtes der 18 "Gemeinschaftsküchen" i byen Wien, som dagligt bespiste ca. 10.000 mennesker, og for hvilke Genia Schwarzwald selv havde det personlige ansvar. Efter krigen under inflationen i 1923 organiserede Genia Schwarzwald også en række "Gemeinschaftsküchen" i Berlin, det første på slottet i Berlin. Genia Schwarzwalds anden sociale bedrift under krigen var oprettelsen af organisationen "Wiener Kinder aufs Land", en organisation, der skaffede rekreative ophold på landet til børn fra Wien, der var svækket af krigen. Karin Michaëlis deltog i dette og tilsvarende hjælpearbejder, specielt samlede hun på egen hånd (gennem avisartikler, henvendelser til formuende mennesker) penge til hjælp til gamle forkomne mennesker fra Wien, til såkaldte "Altersgemeinschaften". Et sådant hjem i bjergene blev opkaldt efter hendes mor "Nielsinen-Heim". Genia Schwarzwald og Karin Michaëlis var også aktive i den senere organisering af de såkaldte "Wienerbørn"s ophold i de neutrale lande efter Første Verdenskrig, bl.a. i Danmark.[18]

Karin Michaëlis, der forsvarede Tyskland efter krigsudbruddet i 1914 mod anklager for barbari, høstede megen fjendskab for sit protyske engagement i Danmark, der stadig i 50 året for nederlaget til Tyskland i 1864 først og fremmest var proengelsk. Det kostede hende også dyrt økonomisk. Hun betragtede det som sin opgave at gøre de neutrale lande opmærksomme på den nød, der herskede i de krigsførende lande. Hun var ikke noget politisk-analytisk menneske, men blev drevet af medfølelse med ofrene. Hun rejste bag fronten, dels i 1915 med en gruppe journalister – fra Budapest til Sarajevo og videre til Montenegro og Albanien –, dels på egen hånd, idet hun havde opnået tilladelse fra krigsministeriet i Wien til uanmeldt at besøge flygtninge- og fangelejre, lazaretter og våbenfabrikker. Hun offentliggjorde sine indtryk i avisreportager, bl.a. i *Politiken*, og reportagerne blev udgivet i bogen *Krigens Ofre*, der udkom med mange fotografier i 1916 hos Jespersen og Pio og i 1917 på tysk.[19] Hun fremhævede i sine skildringer især en række kvinders offervilje og umådelige indsats for at lindre krigens lidelser.

Karin Michaëlis udgav desuden to skønlitterære værker på

tysk om krigen: *Weiter leben*. *Kriegsschicksale*, ni fortællinger, der blev trykt i 1914, og romanen *Die neuen Weiber von Weinsberg*, der udkom i 1916.[20] Romanens titel refererer til middelalderlegenden om den belejrede by Weinsberg, hvis kvinder kun fik lov at forlade byen med det, de kunne bære. Ifølge legenden bar de så deres mænd på ryggen og deres børn under armene. På lignende måde ser Karin Michaëlis kvindernes indsats under Første Verdenskrig, ligesom hun ser kvinderne og børnene som bærere af fremtidens utopiske forhåbninger. Den ene hovedfigur i romanen, en barnløs moderlig skikkelse, der lever på en lille sandet ø i Nordsøen som telegrafist og lærerinde, formidler romanens pacifistiske budskab til sine elever, selv om hun forudser et fortsat stort had mellem nationerne også efter krigens afslutning.

Efter krigen forsøgte Karin Michaëlis fortsat at formidle mellemfolkelig forståelse. Hun skrev mange artikler i aviserne om nøden i de besejrede lande. I 1926 fattede hun en tid nyt håb for udviklingen i Europa, specielt da der tegnede sig en forståelse mellem Tyskland og Frankrig. Hun deltog i en Paneuropakongres i Wien, organiseret af Richard Coudenhove-Kalergi, som hun skrev om med begejstring i en kronik i *Politiken* den 20. oktober 1926.

Hendes engagement blev i tyverne mere politisk. Hun udtalte sig offentligt i en række retssager, f.eks. til forsvar for de socialistiske revolutionære Sacco og Vanzetti og Mooney og Billing i USA, men også imod digterkollegaen Gabriele d'Annunzio, der uretmæssigt havde tilegnet sig en kostbar villa ved Gardasøen, der retteligt tilhørte den danske violonistinde Hertha Thode, enke efter den tyske kunsthistoriker Henry Thode.[21] Karin Michaëlis skrev i 30'erne personlige breve til ledende politikere til støtte for politiske fanger: således til den østrigske kansler Dollfuss om den socialdemokratiske boligborgmester i Wien Hugo Breitner, til Hermann Göring om det tidligere kommunistiske rigsdagsmedlem Robert Stamm og til Josef Stalin om forfatteren og ambassadøren Aleksander Aroseff samt til den ungarske rigsforstander Horthy om en gruppe politiske fanger i Ungarn. I oktober 1935 henvendte hun sig til Th. Stauning for at anmode om hjælp til kunstneren Käthe Kollwitz i Berlin.[22] I Rigspolitichefens Arkiv i Rigsarkivet findes et karakteristik bønskrift fra hende til justitsminister K. K. Steincke fra den 27. december 1938, i hvilket hun forsøgte at hjælpe den tyske forlægger Erich Reiss ud af Tyskland til Danmark.[23]

Sammen med Romain Rolland og Henri Barbusse forsøgte hun i 1931 at henlede verdensoffentlighedens opmærksomhed på terroren og retsløsheden i Balkanlandene samt på pogromer i Rumænien. Hun fandt det ubegribeligt, at Europas kulturnationer ikke reagerede herimod. Flere kronikker i *Politiken* 1928-30 går ind på de rystende forhold i Jugoslavien, på den totale retsløshed, censur og tortur, og hun rejste rundt i den danske provins for at informere om forholdene, men blev afvist som fantast eller naiv.

Karin Michaëlis engagerede sig også generelt i en mere human retspleje. På sine mange rejser besøgte hun ofte fængsler og beskrev forholdene i avisartikler. Det var hendes opfattelse, at det oftest er samfundet, der driver menesker ud i kriminalitet. Tidligere fanger og andre udstødte kunne altid henvende sig til hende, og hun slog til lyd for at indføre en form for invalidepension til vagabonder. Et af de mange tilfælde, hvor hun greb personligt ind, var i sagen mod "gentleman-tyven" Storm-Nielsen, som i 30 år vandrede ud og ind af de danske fængsler, og som intelligent legede kispus med politiet, som han efterlod små hilsener til. Hun sendte ham bøger, penge og lange personlige breve i fængslet og bevirkede gennem en audiens hos Kongen, at han blev benådet, hvorefter hun i mange måneder tog ham til sig på Thurø. Han faldt aldrig siden tilbage til kriminalitet.[24]

Et højdepunkt i sin anerkendelse oplevede Karin Michaëlis, da hun i marts 1932 fejrede sin 60-års dag i Wien. Byen Wien og PEN-klubben, som hun var medlem af, arrangerede en stor festbanket og et fakkeltog. Hun fik overrakt den østrigske orden "Das goldene Ehrenzeichen für Verdienste um die Republik Österreich" og hele den tysksprogede presse hyldede hende som "Europas samvittighed". Tjekkoslovakiets præsident Tomas G. Masaryk hædrede hende med røde og hvide roser og den højeste tjekkiske orden "Den hvide Løves Orden", og i sit lykønskningstelegram skrev han: "Jederman weiß, was Sie als Schriftstellerin der Welt bedeuten. Doch was Sie der Tschechoslowakei als Mensch bedeuten, wissen wir Tschechen am besten. Wir zählen Sie zu unseren engsten und teuersten Freunden."[25]

Karin Michaëlis var uhyre produktiv som forfatter, hun udgav i gennemsnit mindst én bog om året, og nogle gange gik det nok lidt hurtigt. De centrale temaer er, foruden barndommen, den kvindelige psykologi og seksualitet i puberteten og overgangsalderen. I mange af romanerne skildrer hun ganske unge kvinder, der i ægteskab med ældre mænd – af konventionelle socialpsykologiske grunde: opdragelse, ægteskabsnormer – ikke er i stand til at udfolde sig og udvikle sig til voksne kvinder. Eller hun beskriver kvinder, der i det begyndende klimakterium af biologiske grunde mister deres seksuelle tiltrækningskraft og dermed det væsentligste i deres ægteskab og eksistens. De ender med helt at underordne sig eller at bryde ud af ægteskabet. Hun viser ofte mænd, der undertrykker kvinder i ægteskabet, men også kvinders egen selvundertrykkelse med tendens til masochisme. Ikke sjældent vælger hun som fortællesynsvinkel den subjektive og intime dagbogs- og brevform, idet fortælleren træder helt tilbage bag figurerne, hvis synspunkter ofte – fejlagtigt – blev identificeret med forfatterens synspunkt. Hun skrev af og til bøger sammen med andre, f.eks. med sin gode veninde forfatteren Herdis Bergstrøm eller med sin svoger Joost Dahlerup; og i 1910 udgav hun anonymt på Gyldendal sammen med Betty Nansen brevromanen *Kvindehjerter*. Det er en brevveksling mellem to kvinder, der begge – som de to forfatterinder selv på dette tidspunkt – bryder ud af deres ægteskab, den ene er tryghedssøgende, den anden har en ubændig frihedstrang og ender også med at forlade mand og barn for at slå igennem som kunstner. Bogen, der i sin tematik er tæt på *Den farlige Alder,* vakte stor opsigt i Danmark, både begejstring hos f.eks. Herman Bang og forargelse fra konservativ side, men den blev en meget stor salgssucces.[26]

Karin Michaëlis var en endog meget stor beundrer af Georg Brandes, hvilket bl.a. fremgår af en række breve, hun skrev til ham, og hun håbede i mange år på at opnå hans anerkendelse af hende som forfatter.[27] Brandes havde stor respekt for kunstneren Sophus Michaëlis, som han også betragtede som en ven, men anmeldte ikke hendes bøger, som han havde store forbehold over for både med hensyn til tematik og stil. Dette fremgår af et (udateret) brev fra Brandes til hende fra begyndelsen af året 1912 som svar på et meget personligt brev fra hende fra den 26. januar 1912, i hvilket hun bl.a. skrev euforisk om sin nye lykke med Charles E. Stangeland og om sit tidligere ægteskab.[28] Hun skriver videre i sit brev den 26. januar:

> "Kære Georg Brandes, De har betydet mere for mig, end De nogensinde kommer til at indse. I mange, mange Aar gik jeg og syntes *det* var Maalet, at De skulde slaa mig til Ridder og sige, at jeg duede. Det skete aldrig, og alligevel duer jeg jo. Men jeg vil forsøge at forklare mig det selv saaledes, at min uendeligt forvirrede Begavelse irriterede Deres klare, overlegne Hjerne – som Sjuskeri ærgrer den Ordentlige. Og saa vil jeg glæde mig selv med, at De, trods alt, hvad De i mit Væsen ikke syntes om, inderst inde godt kunde lide mig. Det beviste Deres Brev."

Brandes' udaterede svarbrev til hende (formodentlig fra februar 1912) indleder han med ordene: "Kjære Frue. Et Brev saa elskværdigt og aabent som Deres bør ikke blive uden Svar." Og om beskrivelsen af hendes nye lykke siger han: "Altsaa virkelig! De har lagt Haand paa dette mytologiske Væsen, denne Chimære, jeg kun kjender af at have set som bevinget i Flugten, Lykken." Og kort efter fortsætter han:

> "Naar jeg undgaar at tale med en Forfatter eller Forfatterinde om deres Bøger, beror det som De kan tænke paa en halvhundredaarig Erfaring. Det fører som Regel kun til det Onde. Derfor tier jeg saa samvittighedsfuldt som en Diplomat. De har fundet Dem et Sær-Omraade, paa hvilket jeg er usagkyndig, Kvindens Physiopsykologi. De har fortalt os Mænd om de unge Kvinders Drømmerier og Fantasterier paa en tidt saa troværdig Maade, *at jeg af hele mit Sind anerkender det.*
>
> *Men* undertiden oprører De mig. Det er dog en underlig Syge hos Dem at lave en Historie som den, om den unge Madam, der voldtages gennem et Tagkammervindue, vælter Stigen med Gerningsmanden [...] Eller Historien om den uskyldige Pige, der lader sig beligge af en fra Tugthuset frisk fra Fad ankommen Skibskok af Medlidenhed med at han ikke faar Lov at gaa i Land og dér

styre sine Lyster [...] I begge Fortællinger en Udmaling af det, der er saa grimt at man burde brække sig over det [...] Eller i Deres store Verdens-Succes [*Den farlige Alder*] Paahittet: først at indespærre Deres Madam fra Verden og Mændene, for saa kunstigt at lade Attraaen hos hende stige til det Usmagelige.

Kjære, kjære! Hvorfor vil De være Dødsfjenden af god Smag og af det, man i gamle Dage uskyldigt kaldte Skjønhed? Det er hvad jeg har imod Deres Bøger, og det hindrer mig i uforbeholdent at prise det Sandfærdige og Tapre i dem."[29]

Den venskabelige brevkontakt mellem dem fortsætter[30]; men Karin Michaëlis vender dog tilbage til de omtalte breve i et interview med Karen Aaby mere end 30 år senere i *B.T.* den 21. september 1946.[31]

I 1920'erne skrev Karin Michaëlis flere af sine bedste værker, i hvilke hun ikke så meget så på forvanskningen af kvinders liv gennem den konventionelle kvindeopdragelse og det traditionelle ægteskab, men også skildrede muligheder for en fri og harmonisk livsudfoldelse. I *Mette Trapp og hendes Unger* fra 1922 skildres en i udgangspunktet selvstændig frodig kvindeskikkelse, Mette Trapp, der rejser rundt med sin musiker-far og får tre meget forskellige døtre med tre forskellige mænd, som hun mister interessen for, da hun får sine børn. Alle tre udvikler sig selvstændigt til selverhvervende kvinder. Men Mette Trapp kommer dog selv ud i bedrageri og spil og ender i fængsel, hvor hun nedbrydes.

Blandt Karin Michaëlis' eksempler på en harmonisk og fuld udvikling af en række kvindefigurer skal især brevromanen *Syv Søstre sad* fra 1923 fremhæves som et af hendes bedste værker. Denne roman vakte bl.a. Romain Rollands begejstring. I sit brev til Karin Michaëlis fra 1926, som hun opbevarede hele livet, fremhævede han hendes skaberkraft som kvindelig kunstner, der til tider overgår den mandlige kunstners.[32] Syv søstres sammenhold og meget forskellige liv, bestemt af deres psyke og sociale forhold, skildres konsekvent udelukkende gennem deres breve til hinanden, der er er ingen forbindende fortæller. Tre af dem er i begyndelsen af romanen ugifte og selverhvervende; den ene er sangerinde, den anden kunsthistoriker og den tredje er jordemoder. De fire andre er borgerligt gift. Sangerindens tragiske kærlighedshistorie var udgangspunkt for hele romanen, medens jordemoder-skikkelsen i romanen er tegnet med varme og vitalitet. Ud af et overvældende livsoverskud opretter hun et hjem for unge faldne piger og finder løsninger også for børnene, samtidig med at hun også selv udfolder sig i et harmonisk forhold til den mand, hun i romanens forløb finder. Kunsthistorikeren er den rolige, afbalancerede kvinde, der lever et godt liv alene med overskud til de andre.

I sin selvbiografi beskriver Karin Michaëlis, hvordan romanen, der i sin kerne var inspireret af forfatteren Ricarda Huchs skæbne, blev til. Da stoffet lå hendes hjerte nær, valgte hun brevformen. Men hvordan og hvem skulle søstrene være? Det vidste hun ikke. Hun satte sig til skrivebordet og ventede, og så dukkede de op af "sig selv" af hendes underbevidsthed. Og det mærkelige var, at de syv søstre havde forskellige håndskrifter i deres breve i hendes manuskript.[33] Karin Michaëlis har flere steder beskrevet sin egen skriveproces som "trance-agtig". Hun interesserede sig for forholdet mellem kunst og psykoanalyse, således som det f.eks. fremgår af en kronik i *Politiken* den 27. januar 1935 *Edgar Poe psykoanalyseret*, der er en anmeldelse af den franske psykoanalytiker prinsesse Marie Bonapartes omfattende arbejde om Edgar Allan Poe, et arbejde som Karin Michaëlis omtaler som "en stor videnskabelig Triumf, maaske den største, Psykoanalysen har at notere, naar man bortser fra selve Mester Freud." Det er interessant, at den tysk-britiske analytiker Melanie Klein i sit kunstteoretiske essay *Infantile Anxiety-Situations Reflected in a Work of Art and in the Creative Impulse* fra 1929 bl.a. er inspireret af Karin Michaëlis. Kleins essay tager udgangspunkt i to litterære tekst-eksempler: en libretto-tekst af Colette til en opera af Ravel – og en tekst af Karin Michaëlis "*The empty Space*", hvori Karin Michaëlis beskriver den danske maler Ruth Webers "fødsel" som kunstner. Hun var på dette tidspunkt svigerinde til maleren Niels Hansen. Melanie Klein citerer meget udførligt Karin Michaëlis' tekst, der er identisk med dennes kronik den 26. april 1929 i *Politiken: Den tomme Plet*.[34]

Med romanen *Syv Søstre sad*, der var hendes første udgivelse hos Halfdan Jespersen, forlod Karin Michaëlis efter 22 år Gyldendal. Dette omtaler Betty Nansen i sin meget rosende anmeldelse af romanen i *Berlingske Tidende* den 18. november 1923 med overskriften *Kvindernes Bog*, som også kom let forkortet i *Politiken* den 13. december. Betty Nansen kritiserer det rige forlag for ikke at have villet yde Karin Michaëlis en lille fast sum om måneden, hvilket ville kunne have givet hende arbejdsro. Forlaget afviste anmodningen, fordi hendes bøger gik så dårligt. Betty Nansen ser en medvirkende årsag til, at Karin Michaëlis' bøger i de senere år ikke havde været fuldendte kunstværker i hendes vanskelige økonomiske situation: hun måtte skrive for at leve. Det første værk under de nye forhold *Syv Søstre sad* kan ifølge Betty Nansen stå for den strengeste krtik af alle: vennernes. Denne bog er "skrevet i et Dansk saa rent og fuldtonende, at det faar Hjærtet til at banke af Stolthed og Fryd over at eje saa skønt et Modersmaal". Det er en bog med "det rigeste Indhold omsluttet af den fuldkomne kunstneriske Form", i hvilken Karin Michaëlis giver "Summen af sit Livs Erfaring: Ingen behøver at fortvivle. Ingen faar Lykken udefra gennem andre. Vi bærer Freden i vort eget Hjærte, og Lykken for Mennesker er den Fred, den Ensomme ejer. Med Mennesker forstaar hun Kvinder." Bogen egner sig nok ikke for mænd, mener Betty Nansen, men for kvinder vil den "i sin skønne Afklarethed føles som et Evangelium". Betty Nansen afviser en del af den traditionelle kvindebevægelse, der er gået forkerte veje, enten i fordringer af rent materiel natur eller i forkert "Ligestillethed", og hun fortsætter:

> "Karin Michaëlis' Bog handler ikke om Kvindens gaadefulde Sjæl, ejheller om Mandens brutale Undertrykkelse af samme, den handler om det Nye: Kvinden ejer i sit Sind en saa stor Rigdom af Følelser, at hun nu og til enhver Tid er sig selv nok. Den højeste Form for Kvindelighed er ikke at finde hos Moderen, eller Hustruen, eller Elskerinden, men hos den Kvinde, der paa Trods af Aartusinders Vedtægt har frigjort sig for dette "Hjul". Bogens Lære er, at Kvinden uafhængigt af alt og alle i denne saa hæftigt smædede Verden kan naa den fuldkomne Lykke gennem sit Sinds evigt levende Evne til Fornyelse. Det gælder blot om at trænge ind til de skjulte Skatte."

Karin Michaëlis' litterære hovedværk er dog uden tvivl, som tidligere nævnt, den selvbiografiske erindringsroman i 5 bind om pigen Gunhild: *Træet paa Godt og Ondt*, der udkom på E. Jespersens Forlag (siden: Jespersen og Pios Forlag) 1923-30, med stor og opmuntrende støtte fra forlæggeren Halfdan Jespersen. Med de to første bind, *Pigen med Glasskaarene* og *Lille Løgnerske*, der i fiktiv form skildrer Karin Michaëlis' barndom set fra barnets perspektiv, vandt hun endelig anerkendelse blandt de danske kritikere. Hovedpersonen er præget af en stærk fantasi og forvandler ved hjælp af sine farvede glasskår, som hun betragter verden igennem, virkeligheden således, at den får et eventyrligt, illusionært skær. Hun har svært ved at skelne fantasi fra virkelighed og løgn fra sandhed. I de følgende bind følger vi hende som huslærerinde og siden i forsøget på at skabe sig en karriere som pianist. Efter en traumatisk erotisk erfaring bliver hun gift med en stationsforstander. Men ægteskabet ender i psykisk terror og ægtemandens jaloux forsøg på total isolering af hende. Hun bryder til sidst – under ægtemandens og forældrenes protester – ud af sit ægteskab og af det bornerte småborgerlige provinsmiljø og flygter til Hamburg, hvor hun begynder en ny selvstændig eksistens som forfatter. Hun føler sig fri og fuldstændig lykkelig. Hun skriver om dagen i sit lejede værelse på tre bøger på samme tid og tjener om aftenen til livets ophold ved at spille klaver først i en knejpe og siden til stumfilm i et biografteater. Karin Michaëlis følte sig foranlediget til eksplicit i et efterskrift til bind 4 at understrege, at de to sidste bind ikke var autobiografiske, men rent fiktive. De to første bind indgår næsten uforandrede, blot med de rigtige navne i hendes senere egentlige selvbiografi *Vidunderlige Verden*, som hun udgav 1948-50. Det er interessant at se nærheden og forskellen mellem fiktion og autobiografi, idet fiktionen synes at give plads for en større frihed.

I en kronik i *Politiken* den 29. oktober 1925 *Karin Michaëlis og Agnes Henningsen* anmelder Tom Kristensen foruden Agnes Henningsens *Den fuldendte Kvinde* også de to første bind af *Træet paa Godt og Ondt*. Han er begejstret for begge forfatterne i deres store forskellighed. Om Karin Michaëlis skriver han bl.a.:

"At kalde en nulevende genial er farligt. Det udæsker Publikum og Kritik og Skæbne. Men naar man hævder, at Fru Karin Michaëlis' Hjerne har geniale Pletter, er Faren vel undgaaet. Med *"Pigen med Glasskaarene"* og Fortsættelsen nu *"Lille Løgnerske"* er vor verdensberømte Forfatterinde i hvert Fald i Færd med en Selvbiografi, digterisk, sandfærdig og fantastisk, der foruden at være en af de mest yderliggaaende psykologiske Romaner i Øjeblikkets Evropa er et Værk af stor poetisk Værdi. [...] Hun har fulgt sin springske Fantasi, selv om den førte hende ud i det utaalelige, og hun er aldrig veget tilbage for Konsekvensen."

Tom Kristensen siger videre om hovedpersonen:

"Denne [Gunhilds] Tankeflugt bliver hjulpet af hendes Fantasi og udvikler sig til Løgnagtighed; men en mere charmerende Løgnagtighed er sjælden skildret. Gunhild er en bedaarende Fantast, og hvor er hun ægte [...] Fru Michaëlis har ved at nærme sig den kvindelige Dagligtale skabt en Stil, der føjer sig efter den hurtige Tanke. Lunefuldheden, Inkonsekvensen og Humoren, og det er ikke det mindst geniale ved "Lille Løgnerske" [...] Det er let at se Manglerne ved Fru Karin Michaëlis' Bog. Den er løst komponeret, den skildrer kun én Person, den løber langs Kanten af et subjektivt Kaos. Men er det Mangler? Er det ikke Karaktertræk ved denne enestaaende Bog, der i sin Springskhed er lige saa dristig som den menneskelige Tanke og i sin Stil er lige saa lunefuld og levende som den danske Piges Tale [...] Fru Karin Michaëlis er altid hed i Kinderne og siger uoverlagte og geniale Ting, der løber lige ind i Hjertet, men stundom forvirrer og trætter Hjernen. Hun kunde være farlig og opløsende, hvis hun ikke var saa betydelig, som hun er."

Og om titlen *Træet paa Godt og Ondt* siger han, at den udtrykker en livsopfattelse:

"[...]det er ikke et Livets Træ, hvor de gode Æbler hænger paa den ene Side og de daarlige paa den anden. Nej, hver Frugt, hver eneste én er på Godt og Ondt; og leve, det er at plukke dem."

Året efter anmelder Tom Kristensen 3. bind i en kronik i *Politiken* den 27. november 1926, hvor han igen fremhæver det iltre, spraglede og flyvske. Man tumler igennem bogen. Om skildringen af et selskab i København, hvor den erotiske grovhed antager groteske former, skriver han:

"Det er en glimrende Skildring, set igennem flere kulørte Glasskaar paa én Gang, men med en Kraft, som overgaar al Realisme. Er Livet i Virkeligheden ikke saa spraglet og sammensat? Er det ikke dem, som ser paa Verden med graa Øjne, der har Uret?"

Og han siger i slutningen af kronikken:

"...godt komponeret er Bogen ikke. Der er mange Uklarheder, og Slutningen gør Læseren ganske tummelumsk. Men det er jo en Kvindes gaadefulde Bog om en gaadefuld Pige [...] Og alligevel, hvad vedkommer Uklarheder i Handlingen os, det vigtigste er i Orden. Et Kvindemenneske springer frem af Bogen, en Kvinde, som vi synes, vi aldrig har set, og som vi dog alle kender. Det er vist det, som kaldes genialt."

I et privat brev til Karin Michaëlis fra den 18. november 1928 skriver Henrik Pontoppidan, da han har læst 4. bind af *"Træet paa Godt og Ondt"*, bl.a.:

"Skønt Bysbørn er vi jo i Literaturen Antipoder. Men jeg skatter Deres sjeldne Evne til at tage "Lynskud" af Mennesker og Situationer, så de får en Livagtighed for Læseren som Billederne på en Film. Om Smagen kan der som bekendt ikke disputeres, så jeg skal ikke opholde mig over Ting i Bogen, jeg ikke har fundet Behag i. Som sine Forgængere er den jo nærmest en Monolog, og trods det

Forbehold, De har taget i Deres lille Efterskrift, tør man dog vel sige, at det er en Monolog foran Spejlet, og at det allerværdifuldeste i Bogen er de mange Småtræk, De har afluret Dem selv. Dersom jeg lever, når det afsluttende Bind en Gang udkommer, skal det interessere mig meget at se hvorledes De lader det lille forfløjne Pigebarn fra Gudenå ende. Hendes Livsløb, der hidtil – ligesom Åen – har bugtet sig ret formålsløst ud og ind som en Ål og slæbt en del Del Mudder med sig, vil forhåbentlig udmunde i et stort og frit Hav, hvor Slaggerne kan bundfælde sig. En Tak både til Dem og Fru Bergstrøm for Besøget forleden. Deres hengivne H. Pontoppidan."[35]

Henri Nathansen giver i to kronikker fra den den 27. og 28. november 1927 *Omkring Karin Michaëlis og Feminismen i vor Literatur* et ret negativt billede af Karin Michaëlis og hendes samtidige kvindelige kolleger. Han skriver bl.a.:

"[...] de Kvindeskikkelser, der træder os levende i Møde fra vor Literatur, og hvis *Navne* er blevet til Typer for hver sin særegne Art [...] er skabt af Mænd, ingen jævnbyrdig Monumentalitet af en Kvinde. Jeg nævner blot nordisk Literatur i Flæng: Nora, Fru Alving, Hedda Gabler, Hilde – Tora Parsberg – Marie Grubbe og Fru Boye – Gertrude Coldbjørnsen – Hansine og Jakobe. Og spørger man om Grunden til disse Navne hver for sig staar som fuldstøbte Skikkelser uden detaljeret Redegørelse for hver af Sanselivets Fornemmelser, da er Grunden den simple, at en fast og formende Haand har optrukket Hovedlinjerne i Strukturen og Omridsenes lette og flygtige Streg [...] Thi i Kunsten som i Livet er Smag og Takt og frem for alt Tugt den første Betingelse – og endnu har Kvinder ikke vist, at de sad inde med større Selvtugt og Selvbeherskelse end Mænd [...] Denne Begrænsningens Kunst i Form og Beaandingens i Idé er da foreløbig Mandens Eneret."

En meget fintmærkende, grundig og særdeles positiv anmeldelse ved afslutningen af alle værkets fem bind skriver dr. phil. Chr. Rimestad i *Politiken* den 8. december 1930, idet han samtidig giver et overblik over hele forfatterskabet. Han er i hovedlinien i overensstemmelse med Tom Kristensens ovenfor refererede synspunkter. Han fremhæver dertil Karin Michaëlis' skildring af den jaloux ægtemand som mesterlig:

> "[...] den er gjort af en fremragende Psykolog [...] hvem havde ventet, at Fru Michaëlis kunde levere saa rigtigt, saa fuldstændig en Karakteristik med en Koldblodighed, en Klarsynethed, en Vilje til Sandhed, som ikke gaar af Vejen for selv det hæsligste, og med den skikkelsedannende Evne, som er de virkelige Romanforfatteres? Da denne Ægtemand først begynder at tvivle, arbejder hans Fantasi voldsomt. Denne Biedermann af en Stationsforstander, hildet i alle de ordinæreste Fordomme, og som alle tarvelige Mennesker yderligt selvglad og selvsikker, han bliver et Offer for alle Erotikkens afskyeligste Vrangforestillinger. Han piner og plager hende [...] snart ved de brutaleste Midler, snart ved klæbrig elskovssyg Ømhed. Han overdænger hende med Injurier [...] for om Natten at klamre sig til hendes Legeme [...] Han spærrer hende inde i dagevis, behandler hende som en Straffefange, der ingen anden Opgave har end at sone sin Brøde i fuldkommen Lydighed og en total Selvudslettelse."

Rimestad fremhæver også skildringen af Gunhilds smertefulde brud med forældrene, men det forandrer ikke hendes beslutning om at gøre sig fri:

> "Disse Breve fra Faderen og Moderen er minutiøst overbevisende – ikke en Sætning er ved Siden af, ikke en eneste overdreven Glose. Der er den samme Virkelighedstroskab i Skildringen af disse to Gamle, som i Skildringen af Ægtemanden. Karin Michaëlis har her ryddet hvert eneste af sin Fantasis Vildskud op. Det var det, hun tidligere havde sværest ved [...]
> Karin Michaëlis' store Roman er en frodig og dybt oprigtig Beretning om et Kunstnersinds Psyke, om de talløse Hemninger, der resulterer i lige saa mange løjerlige og

latterlige Forsøg paa *Flugt,* om den endelige Befrielse i Arbejdet, der skænker *den* heftige og unormale Lykke, som er Kunstnerens."

En bemærkelsesværdig roman formet i en 200 siders djærv og burlesk monolog er *Hjertets Vagabond* fra 1930, i hvilken en frigjort emanciperet kvinde fortæller om sit liv. Romanen er inspireret af maleren Kirsten Kjær, som ifølge tegneren Marie Hjuler var noget utilfreds med at blive portrætteret så tydeligt. Olga Eggers anmeldte bogen med begejstring i *Social-Demokraten* den 12. marts 1930. Hun afviser al diskussion om, hvem der er model for bogen, som ligegyldig: "Bogen er intet Fotografi. Den er Forfatterindens ægtefødte Barn og ingen andens. Men det er med Bøger som med smaa Børn, – de skal med Pokkers Vold og Magt altid ligne saa og saa mange Familiemedlemmer. Maa aldrig faa Lov til at ligne sig selv."

Alle de omtalte romaner udkom også på tysk, mange på forlaget Kiepenheuer, og ofte udkom den tyske version før den danske. Hvor populær Karin Michaëlis var i Tyskland fremgår af en anekdote, som forfatteren (tidligere) forlagsredaktør hos Kiepenheuer Hermann Kesten fortalte mig på en eksilkongres i Osnabrück 1983 i en humoristisk tone: På forlaget kom en vasketøjskurv ind fyldt med bøger af Karin Michaëlis. Man greb på må og få ned i kurven med de danske udgaver og valgte tilfældigt en roman ud. Enhver bog af hende kunne trykkes og finde mange læsere.

Karin Michaëlis fik som omtalt ovenfor endnu et bemærkelsesværdigt internationalt gennembrud som børnebogsforfatter, først og fremmest med de syv bøger om pigen *Bibi* 1929-39, der udkom på mere end 30 sprog. Der blev dannet Bibi-foreninger og Bibi-dyreværnsforeninger rundt om i udlandet, talrige børn skrev via Karin Michaëlis breve til Bibi, som de mente eksisterede i virkeligheden, og som de inviterede hjem til sig eller gerne ville besøge. Ud over *Bibi*-bøgerne og de to andre børnebøger *Den grønne Ø* og *Lotte Ligeglad* offentliggjorde Karin Michaëlis ikke andre større værker i 30'erne end *Justine* og *Mor* i 1935 om sin gamle mor, der boede hos hende på Thurø de sidste år af sit liv. I denne bog spiller lillesøsteren Harriet Bech Brøndums selvmord i 1914 i New York (i forbindelse med en ulykkelig kærlighed til Georg

Foto af Karin Michaëlis og hendes mor på Thurø ca.1931, i privateje.

Brandes) en vigtig rolle. Bogen *Mor* indgår således i rækken af de direkte selvbiografiske skrifter af Karin Michaëlis.[36]

Grunden til Karin Michaëlis' svindende litterære produktivitet i 30'erne synes at ligge i hendes omfattende humanitære og politiske arbejde, der tog størstedelen af hendes tid. Så sent som i julen 1932 talte hun 4 gange offentligt i Berlin mod nazismen med SA-folk i salen. Selvom de første emigranter havde indfundet sig hos hende på Thurø i april 1933 – i august havde hun 15 boende – tøvede hun med offentligt at udtale sig mod nazismen *efter* Hitlers magtovertagelse. Men da hun blev opfordret til at holde rustalen i Studentersamfundet i september 1933, benyttede hun denne lejlighed til entydigt og offentligt at tage afstand fra Hitler. Talen vakte opsigt i den danske presse og blev også bemærket i Tyskland. *Politiken* skrev den 6. september bl.a.:

"Med Anvendelse af hele sin personligt prægede Veltalenhed fremhævede Fruen sin store Kærlighed til Tyskland, som hun tog Parti for under Krigen, og som hun hidtil havde ment var det Land, hvorfra alt godt udgik. Nazismens Raceteorier og Jødeforfølgelser følte hun imidlertid Trang til nu offentligt at tage bestemt Afstand fra, medens hun i øvrigt ansaa Hitler for at være Idealist."

Samme aften optrådte Helene Weigel med Brechtsange, ledsaget af den unge komponist Otto Mortensen. Blandt publikum var foruden Brecht og andre emigranter mange fremtrædende danske kulturpersonligheder til stede som dr. Næsgaaard, dr. Leunbach, Robert Schmidt, Piet Hein, Olaf Fønss, Ruth Berlau og Otto Lütken.

Den 11. oktober 1933 skrev Agnes Henningsen til hende: "Hver Gang man hører lidt fra Dem saa er det et Pust fra den store Verden. Tak for det De gjorde for de tyske Jøder med Fare for at miste Tyskland, da De talte, De er og bliver bestandig: dejlig."[37]

Man overvejede i 1933 i Tyskland at forbyde hendes bøger, hvilket fremgår af breve fra hendes illustrator Hedvig Collin, der havde talt med hendes forlægger Herbert Stuffer i Berlin. Det er derfor overraskende, at hun i november 1933 blev medlem af den tyske, nazistisk ensrettede forfatterforening "Reichsverband Deutscher Schriftsteller", som Goebbels var protektor for, og forblev medlem i to år. Hendes danske forlægger Halfdan Jespersen, med hvem hun rådførte sig, mente, at hun godt kunne melde sig ind. I indmeldelsesformularen har hun dog streget følgende sætning ud: "Ich erkläre mich vorbehaltlos bereit, jederzeit für das deutsche Schrifttum im Sinne der nationalen Regierung einzutreten" og har tilføjet: "Dies kann ich als Ausländer ja natürlich nicht unterschreiben". Lige så overraskende er det, at man fra tysk side lod hende blive medlem. Noget tyder på, at Goebbels af propagandagrunde tillod hendes bøger i Tyskland i de første år; måske har han håbet at vinde den populære blonde nordiske forfatter for nazismen.[38] Hendes bøger blev fortsat solgt, således de antiautoritære *Bibi*-bøger og den socialistiske *Den grønne Ø*, selvom en del forsvandt, da hendes vigtigste forlægger Kiepenheuer måtte likvidere sit forlag. Hendes bøger var fra 1936 ganske vist ikke forbudte, men uønskede, og hendes tilgodehavender stod på en spærret konto. Der udkom dog ingen *nye* titler af hende i Tyskland efter 1933, de sidste bind af *Bibi*-bøgerne, *Lotte Ligeglad* og *Mor* udkom på tysk i Zürich. Først i april 1939 blev alle Karin Michaëlis' værker endegyldigt forbudt. Det var sandsynligvis Himmler, der stod bag den skrivelse, der argumenterede for et forbud: hun var pacifist, individualist, kvindesagsforkæmper, liberal-demokratisk og ekstremt jødevenlig, hun samarbejdede med Heinrich Mann, Romain Rolland, Henri Barbusse, Albert Einstein, Maxim Gorki og Upton Sinclair.[39] Karin Michaëlis' humanistiske engagement kostede hende hendes største publikum og hendes vigtigste indtægter: de tyske.

I 1935 og 1937 talte hun ligesom Martin Andersen Nexø ved de to internationale forfatterkongresser i Paris "Internationaler Schriftstellerkongreß zur Verteidigung der Kultur". I 1938 forsøgte hun efter "Anschluß" – forgæves – sammen med Aage Dons at skaffe indrejsetiladelse til forfatteren Hermann Broch, der ønskede at forlade Wien.[40] Det lykkedes ham at komme til USA. Senere i 1938 efter "Krystalnatten" forsøgte hun ligeledes forgæves at redde sin gode ven forlæggeren Erich Reiss til Danmark (jfr. hendes ovenfor citerede brev til K.K. Steincke).

Karin Michaëlis forlod Danmark i april 1939 for at besøge sin søster Alma Dahlerup, der levede med sin mand Joost Dahlerup og datter i USA. Karin Michaëlis havde i årene 1903-13 været på besøg i USA hvert år, og også i 20'erne og 30'erne besøgte hun landet adskillige gange og skrev mange kronikker herom til *Politiken*. Opholdet i 1939 var planlagt til at vare 8 måneder, men blev på grund af krigen til et syvårigt, ufrivilligt ophold i New York. Hendes veninde og tidligere skolekammerat Elna Munch, der var gift med udenrigsminister P. Munch, advarede kryptisk i et brev Karin Michaëlis mod at komme hjem.

"Eksilårene" blev ikke lette. Det var vanskeligt for Karin Michaëlis at få forlænget sin opholdstilladelse, og økonomisk var hun afskåret fra sine indtægter i Europa. Hun måtte optage lån på den danske ambassade, købe billig mad fra dagen før, ja, hun måtte endda samle tomme flasker for at eksistere. En lille indtægt fik hun i de sidste år af krigen ved at holde foredrag på dansk til Danmark i radioen, som blev sendt fra BBC i London, og ved at oversætte engelske filmtekster til film, der skulle vises i Danmark efter krigen. Hun forsøgte at få sine bøger udgivet i USA, men det lykkedes ikke bortset fra hendes erindringer, *Little Troll*, som hun havde nedskrevet i USA, og som udkom i en stærkt forkortet udgave i 1946 i New York. Til de økonomiske problemer kom også alvorlig sygdom. Karin Michaëlis blev i sommeren 1943 ramt af en blodprop i hjertet. Sent på året fik hun dog af sin læge lov til at besøge Brecht og Helene Weigel i Californien, hvor hun blev i 8 måneder. Til veninden, bibliotekar og forfatter Ida Bachmann i New York skrev hun den 2. november 1943 fra Californien:

> "Det er infamt, naar man bliver saadan en gammel Skovl, at man er tvunget til at behandle sig selv som fint skørt Glas. Det passer mig ikke. Derimod passer det mig straalende at være sammen med Brechts mange Venner, der alle er interessante og levende Mennesker, der holder til her, som Møl, der danser om Lyset."[41]

I et (udateret) brev til Else Siegle, der også boede i New York, og som havde været Genia Schwarzwalds sekretær i Wien, skrev hun fra sit ophold i Californien:

> "Es ist so schön und gut hier und hier sind viele Freunde von drüben, sehr viele sogar, so Heinrich Mann, Feuchtwanger, Schönberg, Kurt Weill, Hanns Eisler, Luise Rainer, Viertel, Herrenried und viele andere. Wir leben sehr gesellig, und Brechts sind fantastisch lieb zu mir ... Ich habe viel zu tun und gebe meine *ganze* Kraft dazu um die Juden herauszubringen bevor Hitler erreicht habe sie alle zu ermorden. Ich tue, was ich kann. Es ist dieses, für mich, das allerwichtigste von allen Fragen. Wir können etwas mehr als eine Million retten eine Million unschuldige Männer, Frauen und Kinder. – Mein Herz zittert Tag und Nacht. Sollte ich eines Tages herumfallen und tot sein, dann wisst die Ursache ist Trauer wegen der Juden. Ich kann auch nicht die Bombardierung von Berlin aushalten. Die Unschuldigen dort, die nicht heraus können.. schrecklich."[42]

Af breve fra Karin Michaëlis til Ida Bachmann fra de første måneder i 1944 fremgår det, at hun havde planer om at skrive to filmmanuskripter, foruden et om Tycho Brahe et andet om de danske jøders flugt til Sverige – et projekt, der lå hende meget på sinde. Hun førte forhandlinger med Metro-Goldwyn-Meyer, med bl.a. H. Fadiman og Ben Hecht. Hun skriver den 7. marts 1944 til Ida Bachmann, at det kan blive en første klasses film, "foruden at det vil blive enorm Propaganda for Danmark og Sverige og for Humanitet i al Almindelighed". Hun mener selv, at hun har sans for at udarbejde filmmanuskripter, fordi hun har fantasi, "Fart i Hjernen" og skriver dramatisk.[43]

Som Ida Bachmann var også Peter Freuchen Karin Michaëlis en god ven i USA. Da hun blev syg igen, skrev han hver dag i over tre måneder et langt brev til hende på hospitalet. Det er ganske rørende, hjertevarme og morsomme breve, i hvilke han, der også selv havde dårligt hjerte og var syg, "konkurrerede" med hende om, hvem der var mest syg, og hvor han fortæller løst og fast for at adsprede hende. Også et svensk-amerikansk forfatterægtepar Ira og Edita Morris, der var økonomisk velstillede, hjalp hende på en enestående og taktfuld måde.

Heller ikke de tyske emigranter havde glemt hende. Hun blev æresmedlem af de tyske eksilforfatteres sammenslutning i USA, German American Writers Association, og forfatteren Alfred Kantorowicz skaffede hende et ophold i kunstnerstiftelsen Yaddo, hvor hun igen mødte Agnes Smedley og sluttede venskab med bl.a. Carson McCullers. Karin Michaëlis' halvfjerdsårsdag blev fejret med en stor banket i New York i marts 1942, arrangeret af tyske emigranter. På listen over bidragyderne til en pengegave til hende var foruden ambassadør Henrik Kaufmann bl.a. Albert Einstein, Sinclair Lewis, Dorothy Thompson, Jan Masaryk og Sigrid Undset. Brecht fejrede hende i en åbent brev den 20 marts 1942 i den tysksprogede ugeavis *Aufbau* i New York:

> "Liebe Karin,
> ich denke nicht, daß Du sehr erstaunt bist, im Exil zu sein; ich jedenfalls wäre eher erstaunt, wenn Du nicht im Exil wärest – bei Deiner Liebe zur Wahrheit und Deinem Zorn gegen Unrecht. Unsere Literaturgeschichte zählt nicht so viele exilierte Schriftsteller auf wie etwa die chinesische. Wir müssen das damit entschuldigen, daß unsere Literatur noch sehr jung ist und noch nicht kultiviert genug. Die chi-

nesischen Lyriker und Philosophen pflegten, wie ich höre, ins Exil zu gehen wie die unsern in die Akademie. Es war üblich. Viele flohen mehrere Male, aber es schien Ehrensache gewesen zu sein, so zu schreiben, daß man wenigstens *ein*mal den Staub seines Geburtslandes von den Füßen schütteln mußte.

Ich komme auf die chinesischen Weisen auch deshalb, weil ich dich auf Thurø mit den Fischern und Studenten reden hörte und weil ich an Deine tausend Geschichten über Land und Leute denke, die Du leider nicht aufschreibst. Aber vielleicht schreibst Du sie in zwanzig oder dreißig Jahren auf, dann werden es zweitausend sein. Sie werden mir nicht ausreichen.

Wir waren immer darin einig, daß die Zeit, in der wir leben, für Kämpfer eine vortreffliche Zeit ist. In welcher anderen Zeit hatte die Venunft eine solche Chance? In keiner lohnte der Kampf mehr.
In herzlicher Kameradschaft. Dein Brecht.
Santa Monica, März 42."[44]

Efter krigen vendte Karin Michaëlis tilbage til Danmark, men til næsten fuldstændig glemsel. Hun modtog ganske vist Christian den Tiendes Frihedsmedalje og blev æresborger på Thurø; men den prominente stilling, hun havde indtaget både i den danske og europæiske offentlighed før krigen, havde hun mistet. Sine sidste år tilbragte hun på pensionat "Gotha" ved Nørrevold med udsigt til Botanisk Have. Hun var blevet for svag til at bo alene i huset på Thurø, som hun derfor solgte. Hun forsøgte at sende pakker med levnedsmidler til Tyskland, og hun bestemte, at hendes indtægter fra bøger i Tyskland skulle gå til nødlidende jøder.

Hun skrev trods sygdom flittigt på den danske version af sin selvbiografi, hvis første bind som nævnt ligger tæt på de to første bind af *Træet paa Godt og Ondt*, men hun nåede desværre ikke at fuldende den. Karakteristik for hendes lyse livssyn kaldte hun erindringerne *Vidunderlige Verden*. For selvom hun til tider følte sig ensom og glemt i Danmark efter sin hjemkomst, var hun dog til det sidste fuld af livsmod og optimisme. Det ses f.eks. af et brev, hun skrev i slutningen af december 1949 til en god ven fra

Genia Schwarzwalds kreds, Hans Deichmann, der var svoger til den kendte modstandsmand Helmuth James von Moltke, i hvilket hun også omtaler vennen og forfatteren Maria Lazars selvmord:

> "Ach Hans was alles ist nicht geschehen seit wir letzthin uns gesehen haben? Genias [Genia Schwarzwalds] Tod ist für mir das unüberwindlichste. Nicht nur, das ich mich immer als ihre engste Freundin auffasste, aber sie gab mein Leben Inhalt. Mein Leben fing an mit Genia und – hörte auf mit ihr... Du weisst wohl die arme Maria [Lazar] starb letztes Jahr. Unglücklich geboren unglücklich gestorben. Mein Gegensatz. Mir gehts trotz Krankheit, trotz aller Verloren glänzend... Eure immer uralte und ewig junge Karin Michaëlis."[45]

Karin Michaëlis døde knap tre uger senere, den 11. januar 1950.

III. *Bibi*-bøgerne

Karin Michaëlis var overbevist om, at hun i modsætning til de fleste andre voksne havde bevaret en meget autentisk erindring om sin egen barndom både dens glæder og smerter. Hun genkalder sig og omsætter denne erindring kunstnerisk i de to selvbiografiske romaner *Pigen med Glasskaarene* og *Lille Løgnerske* og kort efter i børnebøgerne om *Bibi*. De to førstnævnte bøger henvender sig til voksne, men er skrevet for børnenes skyld for at erindre de voksne om, hvordan barnet oplever verden. Omvendt – men med samme kobling – henvender hun sig i børnebøgerne om *Bibi* også til voksne. "Die Bibi-Bücher waren doch in erster Linie für Erwachsene geschrieben."[46] Netop loyaliteten overfor barndommen er også det, som Henrik Pontoppidan fremhæver i et brev fra den 5. december 1924 til Karin Michaëlis efter udgivelsen af *Pigen med Glasskaarene*. Romanen, som han egentlig ser som memoirer, viser barnets oplevelse af barndomsbyen Randers, der jo også var Pontoppidans barndomsby. "Det er jo netop Deres Mindebogs Originalitet, at den ikke skal være et Tilbageblik over en Barndom, der betragtes med den Voksnes Øjne og Erfaringer, men Øjebliksbilleder af et Barns kaotiske Forestillingskreds."[47]

I nogle interviews i forbindelse med udgivelsen af *Pigen med Glasskaarene* udtaler Karin Michaëlis sig om sit særlige forhold til børn og barndommen. I tidsskriftet *København* den 26. oktober 1924 karakteriserer hun hovedfiguren som en pige med en stor fantasi og et sygt hjerte, der ikke kan tåle at se nogen lide, og hun tilføjer:

> "Dette er naturligvis personligt eller rettere individuelt. Bogen er heller ikke almengyldig. Det kan den ikke være. Det er en Barndom, der skildres […] De forstaar, det er ikke en Bog om Børn. Der skrives saa mange Bøger om Børn. Men Bogen er om ét Barn. Alligevel har Bogen Bud til alle Forældre – og til alle Lærere. Min Bog er Bogen om Misforstaaelser, om Smerter, der kunde have været undgaaet – tildels i hvert Fald. For det Barn er vel næppe født, der undgaar Lidelser. Efter min Opfattelse – og her taler jeg ikke som den Blinde om Farver, men efter et uhyre

Kendskab til Børn og en stor Fortrolighed fra deres Side – saa lider Børn langt, langt mere end de Voksne […] Barnet kan jo nok beklage sig, men saa sandelig: Barnet kan ikke gøre sig forstaaelig. Der er ikke én blandt tusinde Mødre – selv de kærligste-, der helt husker, hvad de gik igennem, da de var smaa. Naar der tales om den lykkelige Barndom, ja saa tror jeg ofte ikke mine egne Øren […] Voksne har den slemme Vane, naar de bliver Voksne, og naar de har kæmpet sig ud over Barndommens Sorg, at se tilbage paa den med et overlegent Smil. Og Barndommen er dog langt mere alvorlig end det senere Liv. Barnet har akkurat de samme Sorger, fordi Barnet har de samme Sanser, som den Voksne; men Barnets Sanser er stærkere og friskere, derfor er dets Lidelser større. […] Bogen er skrevet til Forældre, men den er skrevet for Børnenes Skyld."

I et interview fra 11. december 1924 i *Vore Damer* fremhæver Karin Michaëlis, hvor vigtigt det er at lade børn udvikle sig på egne betingelser:

"Ja jeg elsker Børn, og jeg forstaar dem og lader dem være i Fred! Jeg iagttager dem bare og bedømmer dem ud fra mine egne klare Erindringer om min egen Barndom. De fleste Kvinder forstaar ikke Børn, d.v.s. de forstaar ikke, at man skal lade Børn gro i Fred, at man ikke skal trænge sig ind paa dem! De saakaldte "gode" Mødre, de Kvinder altsaa, der tilhører Kvindetypen "Moderen" er oftest i Virkeligheden de daarligste Mødre, fordi de plager Børnene for meget, beskæftiger sig for meget med dem. De Kvinder, der tilhører Elskerindetypen (og alle Kvinder tilhører en af disse to Typer) er i Virkeligheden de allerbedste Mødre, netop fordi de lader Børnene gaa og gro i Fred."

Og til *Politiken* den 2. november 1924 siger hun om pigen Gunhild, at hun er:

"...en lille Pige, der er saa overfølsom, at alt hvad Mennesker eller Dyr lider, gaar hende saa frygteligt til Hjerte. Hun hører nok efter, hvad de Voksne siger, men det gaar ligesom igennem hende, uden at hun virkelig hører det. Hun er kejthaandet og skeløjet, Folk siger, hun er ikke som andre Børn, lidt underlig [...] I Virkeligheden lever hun sit eget, indre Liv, hvor alt, som omgiver hende og som hun oplever, faar sin egen Form, Udtryk og Farve. En Dag opdager hun ved at kigge gennem Entrérudens farvede Glas, at Verden ser helt forskellig ud, hvad endten hun ser den gennem blaat Glas eller gennem gult Glas. Fra nu af gaar hun altid med forskellige Glasskaar i Lommen og er hun trist, behøver hun blot at tage det gule eller det røde Glasskaar frem og se gennem det, straks faar Verden Farve og Glans [...] Men gaar hun i sin egen Trummerum, optaget af alle de smaa Bekymringer, der fylder ogsaa et Barns Liv, og tager hun af en Fejltagelse det blaa Skaar frem, da faar Verden et haardt og ufølsomt Lys. Efterhaanden véd hun dog, at hun blot behøver at bytte Glasskaarene om, og hun vænner sig til, naar hun er bedrøvet, altid at se Verden gennem det gule Glas med de rige og varme Farver [...] Hun selv er saa grim, saa Ingen tænker, at hun ogsaa kan være forelsket. Men i sine egne Tanker gaar hun og bestemmer, at den eller den skal være hendes Mand, og uden at den anden Part aner Noget derom, tror hun, at det allerede er en afgjort Sag. Naar saa Nogen alligevel til Trods for hendes Grimhed gør Kur til hende, bliver hun saa rørt, at hun ikke kan nænne at sige nej. Men da det jo i Virkeligheden er den anden, den Udkaarne, hun elsker, roder hun sig ind i alle slags Besværligheder."

Over for journalisten betoner den 52-årige Karin Michaëlis optimistisk, at hun nu ikke mere ser livet som vanskeligt, men derimod som dejligt.

Der er klart en nær indre forbindelse – og kontrast – mellem de selvbiografiske bøger om pigen Gunhilds ofte smertefulde opvækst i Randers begrænset af normer og pigen Bibis frie og harmoniske opvækst som datter af en stationsforstander i Randers. Bibi får netop lov til at "gro i fred" af sin far, som ikke unødigt trænger sig ind på hende for at styre eller begrænse hende. Karin Michaëlis' genoplevelse af barndommen under arbejdet med Gunhild-skikkelsen og mødet allerede før Første

Bibi som barn.
Tegning af Hedvig
Collin i 1. bind af *Bibi*

Verdenskrig med Genia Schwarzwalds pædagogik i Wien, ligger uden tvivl bag *Bibi*-bøgerne. Mette Winge ser med rette i *Bibi*-skikkelsen en konkret realisering af pædagogen Luises (dvs. Genia Schwarzwalds) opdragelsesidealer, som Karin Michaëlis skildrede i *Glædens Skole* fra 1914.[48]

Bibi-Bøgerne, der skildrer Bibis utraditionelle, men harmoniske opvækst, følger Bibis udvikling fra hun er 11 år i 1. bind til hun er 17 år i 7. bind. Bøgerne udkom på dansk fra 1929 til 1939, de fire første med et års interval, idet Bibi var blevet et år ældre for hvert nyt bind. Alle bindene, undtagen det sidste, har den samme undertitel: *En lille Piges Liv*. Bibi opdrages ikke som ellers i pigebøger i samtiden til en konventionel kvinderolle i en intakt kernefamilie, til ægtemandens kommende gode hustru og børnenes kærlige moder. Hun er ikke en idealiseret skikkelse, men har både gode og dårlige egenskaber, og hun bliver i sidste bind – usædvanligt i en pigebog og i datiden – landvæsenselev og udfører nøjagtigt samme arbejde som en ung mand, idet hun ønsker at kunne forsørge sig selv. Hun er gæv, har meget gåpåmod, er fantasifuld og ikke bange af sig. Hun kan som barn (ligesom senere Pippi Langstrømpe) kunststykker som at gå på line, klatre op i flagstang på ét ben, klatre op ad en mur. Hun er meget fabulerende og pynter ofte fantasifuldt på sine oplevelser. I sin nysgerrighed og livsglæde vil hun gerne opleve det usædvanlige, eventyrlige, ja hun "samler på" livsfarlige situationer.

I første bind *Bibi* (1929) erfarer vi, at Bibi, hvis mor er død ung, lever alene med sin meget frisindede og meget lidt autoritære far og den gæve husholderske Jensine. Moderens grevelige forældre, der bor på godset Klinteborg (model: Egeskov), slog i soci-

Bibi klatrer i flagstænger og går her på line. Tegning af Hedvig Collin i 1. bind af *Bibi*

alt hovmod hånden af datteren, da hun giftede sig med en simpel stationsforstander, men Bibi beundrer forældrene, der har sat sig ud over standsforskelle, og på moderens grav streger hun "komtesse Hvidtfeldt" ud og skriver "stationsforstander Stensens kone". Bibi hæger om minderne om sin døde mor, men er også meget bundet til sin far i et gensidigt tillidsfuldt og kærligt forhold. Hun adlyder ikke lærerinden i den traditionelle skole, men kravler ud af vinduet, når hun er sat uden for døren. Hun tager dyr med i skolen og er i det hele taget respektløs. Alt dette klager lærerinden over i breve til Bibis far, hvem hun anbefaler prygl som opdragelsesmiddel. Men faderen giver fortsat Bibi frie tøjler og tillader, at hun rejser rundt på egen hånd (hun har frikort til statsbanerne). Hun skal blot skrive hjem og give ham besked om, hvor hun er. Igen viser Karin Michaëlis' forkærlighed sig for brevformen. En stor del af romanerne består af breve, af hvilke de fleste er fra Bibi til hendes far, skrevet i hendes spontane, subjektiv-barnlige stil med mange associationer og stavefejl. Hun siger i et brev om sig selv: "Jeg er lissom en Skuffe, der slet ikke kan lukkes i, så propfuld er den". Samtidig er Karin Michaëlis selv som ikke-fiktiv forfatterperson, bosiddende på Thurø, meget præsent som fortæller, der fører en dialog med sine børnelæsere, som hun tiltaler med "I".

Bibi deler Karin Michaëlis' sociale engagement og oprør mod uret, og hun færdes fordomsfrit i de mest forskellige miljøer.

Romanrækken kan ses som en udviklings- og dannelsesroman, men også som en slags rejseromaner. I 1. bind rejser Bibi rundt i Danmark, mest i Jylland og på Fyn. I 2. bog *Bibis store Rejse* (1930) rejser hun rundt i Tyskland (bogstaveligt i Karin Michaëlis' fodspor): hun besøger de mennesker og steder, som Karin Michaëlis selv kendte, og det er de autentiske person- og stednavne, man finder i bøgerne. Det er interessant, også for en moderne læser, at opleve Tyskland, Central- og Østeuropa, som det var før Anden Verdenskrig. På rejsen gennem Tyskland opholder hun sig i Schlesien på slottet Katzenstieg, hun besøger digteren Gerhart Hauptmann, hvis hjem og berømte drama "Væverne" hun beskriver i breve til faderen. Efter et ophold i Riesengebirge kommer Bibi på besøg hos (Karin Michaëlis' og Genia Schwarzwalds gode ven) Hemuth James von Moltke (senere en central skikkelse i attentatforsøget mod Hitler) i

Waldenburg og hører om de store sociale problemer, der dels skyldes de høje krigsskadeserstatninger, Tyskland måtte betale efter Første Verdenskrig, og dels en alvorlig geologisk underminering af det gamle mineområde. Hun vil arrangere en børnehjælpsdag til hjælp for børnene i Waldenburg, der lever i sult og armod. Efter et besøg i Goethes hus i Weimar, med omtale af "Werther", Goethes farvelære og stensamling, samt Goethes hustru Christianes påfaldende små værelser i den bageste del af huset, opholder Bibi sig flere måneder i Paul Geheebs berømte reformskole Odenwaldskolen i Schwarzwald – "en skole hvor børnene skulle have det lige så godt i skolen som blomster på en mark eller træer i en skov". Det er en international, pacifistisk kostskole, hvor Ellen Keys idé om, at man aldrig må slå børn, gælder. Bibi sejler derefter på Rhinen, besøger i Berlin Einstein oppe i hans arkitektonisk berømte tårn (tegnet af Erich Mendelsohn) og hører ham spille violin og datteren synge hebraiske sange. Dette bind ender dramatisk med, at hun tager af sted til Ægypten som blind passager på en båd fra Hamborg for at mødes med sin far.

I bind 3 *Bibi og Ole* (1931) rejser Bibi med en ung dansk-amerikaner Ole til Tjekkoslovakiet. Hun besøger borgen Hradschin i Prag, ser præsident Masaryks gaver til hans firsårsdag, oplever den jødiske kirkegård, besøger den kendte skofabrik Bata med sociale indretninger for arbejderne og møder pædagogen Bakule, der har samlet forkomne og invalide børn op, som han behandler med mildhed og omsorg. I dette bind som i de andre er der også tale om elementært spændende dramatiske situationer: foruden turen som blind passager, farer Bibi vild i en skov og møder nogle sigøjnere, som hun er bange for, da hun tror de spiser små børn. Hun oplever drypstenshuler, bade-kursteder som Pistiany og Karlsbad. Bibi og Ole er begge overbeviste pacifister, der tror på det gode i menneskene.

I 4. bind *Bibi og de Sammensvorne* (1932) spiller Bibis veninder en stadig større rolle, og de socialkritiske aspekter bliver tydeligere. De er døtre af byens samfundsstøtter, af henholdsvis den fine socialistiske, men indbildske stiftsfysikus, en meget snobbet politimester og byens præst. Den efterhånden vigtigste veninde bliver den grimme rødhårede Valborg, som socialt falder uden for venindekredsen, idet hun er datter af en kirkegårdsgraver med en sygelig kone og mange børn. Valborg, der er den ældste, klarer hele husholdningen: mad og vask. Hun er sølle og uordentligt klædt, men vital, sjov og fandenivoldsk. De fem piger holder sammen, syr blå overalls, så man ikke kan se forskel på, om de er drenge eller piger. For selv om de ikke vil være drenge, så ærgrer de sig ofte over ikke "at være kommet til Verden med Bukser", for drenge kan blive hvad som helst, *selv* fri og skal ikke hele tiden udsættes for det evindelige: pas nu på eller vær endelig forsigtig.

Bibi rejser med Ole til Østprøjsen over Danzig til Königsberg, Palmnicken og besøger grev Dönhoff på godset Friedrichstein. De komplicerede polsk-tyske grænseproblemer kommenteres. Ole, der er begejstret for moderne teknik, lærer at flyve, og Bibi får lov at være med, klædt i drengetøj, og de oplever en fælles flyvetur.

Bibi opholder sig derefter længere tid hos morfaderen, som har et stort bibliotek. Han lærer hende meget om det væsentlige i tilværelsen, ikke mindst mange etiske leveregler, som alle afspejler Karin Michaëlis' egen etik. Sammen læser de interessant nok den pessimistiske "Sjobbenhauer" (Schopenhauer), hvis kærlighed til dyr Bibi har stor sympati for i modsætning til hans misantropi. Den sociale satire udfoldes vittigt i forbindelse med venindernes besøg på slottet Klinteborg, både forældrenes og pigernes snobberi og hykleri afsløres morsomt. Dramatisk spændende er kapitler om en skattejagt, hvor veninderne er tæt på at blive levende begravet, men hvor Valborg holder humøret oppe hos dem alle.

5. bind *Bibi paa Ferie* (1935) indledes med en udførlig beskrivelse af morfaderens død og begravelse. Da det kommer frem, at godsets forvalter, grevens nære ven og fortrolige, bedragerisk har bortødet godsets kapital, må Bibis mormor forlade godset, og Bibi kan ikke se frem til at arve noget. Veninderne tager på en cykeltur rundt i Jylland og Bibis fader giver dem små gaver med, bl.a. chokolade og cigaretter. De sover i høstakke i det fri og i et tomt sommerhus. De er hemmeligt ude med smuglere på Vesterhavet og møder fire unge moderne amerikanske søskende i bil, der medbringer grammofon og jazzplader. De oplever en dramatisk fisketur på en kutter, og på Læsø møder de en række særprægede mennesker, f.eks. en kvinde, der har været jæger i

Afrika, spiller klaver, ryger cigar og sidder med benene over kors. I et andet hus besøger de 3 små mænd, som er skræddere – og cirkusartister. De taler med en tuberkuløs pige, der ligger i sin seng oppe på taget af et hus, og møder en gammel kvinde, der har mistet sine børn på søen, men tager sig af øens forældreløse børn.

I 6. bind *Bibi bliver Landmand* (1939) bliver de 5 veninder konfirmeret. De forelsker sig alle i den unge præst og hengiver sig til pubertets-fantasier om ham. Bibi ser sig selv som præstekone i en frodig idyl på landet, en anden af pigerne, der er meget snobbet, ser sig selv spadsere med ham som hofpræst på Langelinie, den tredje, der føler sig kedelig og uanselig, vil ledsage ham som missionær i junglen, og den fjerde danser i fantasien tango og foxtrott med ham i moderne tøj, medens den rødhårede Valborg håber en gang senere at gøre indtryk på ham som skuespillerinde på teatret. Deres tanker om, hvad de vil tage på til første møde i præstegården, er også morsomme, én vil komme i en rød silkekjole, en anden i en glat sort aftenkjole og en tredje i skøjtedragt, hvilket de dog opgiver, da det kommer til stykket. Præsten gør i øvrigt stort indtryk på dem ved første møde, idet han fortæller om sin egen problematiske fortid som forældreløs dreng, der blev opdraget hos uforstående strenge plejeforældre, og om hvordan han kom ud i kriminalitet, kom på opdragelsesanstalt, forhærdedes og kun kom ud af denne bane ved hjælp af en forstående omsorgsfuld ældre anstaltsleder. Præsten belærer sine konfirmander om ikke at dømme andre mennesker, men at vise forståelse og menneskelighed også over for kriminelle, som er stemplede af samfundet.

I forbindelse med konfirmationen skriver Bibis mormor, der er for gammel til at rejse til Randers, et langt brev til Bibi, i hvilket hun gør op med sit eget liv. Hun erkender, at hun er blevet opdraget og behandlet forkert både af sine forældre og sin ægtemand – i en traditionel kvinderolle uden arbejde og uden ansvar. Det havde været bedre, hvis de havde betragtet hende som et voksent myndigt menneske. Bibi vælger ifølge mormoderen den rette vej ved at ville lære et erhverv som landmand og derved blive i stand til at forsørge sig selv. Hun skal, ønsker mormoderen, blive et selvstændigt menneske, der værdigt tager imod, hvad livet byder af såvel ondt som godt. I slutningen af romanen

Bibi som landmand. Tegning af Hedvig Collin i bd. 6 *Bibi bliver Landmand*

har Bibi fået arbejde på en gård som "bondedreng" med arbejdsfællesskab med fodermesteren, røgteren og forkarlen. Hun passer dyrene, forker tang og tager roer op.

I sidste bind *Bibi og Valborg* (1939) fortsætter Bibis uddannelse på gården på Fyn, og hun oplever blandt andet en mund- og klovsyge-epidemi. Romanens anden vigtige handlingstråd følger veninden Valborg – via hendes breve – som ung pige i huset først i Paris og dernæst i Bordeaux, hos en livsglad, skør, og usnobbet grevelig boheme-familie. Hun ønsker som Bibi at blive selvstændig og kunne ernære sig selv. Det gælder også den tredje veninde, der uddanner sig til gymnastiklærerinde.

En særlig plads i hele romanrækken indtager Bibis skildring af en enlig mor Signe, kaldet "Velsigne", med fem store sønner på en lille gård, "Pandekagehuset". Det er en omvendt Hans og Grete-historie, moderen er ikke en heks, men en frodig og kærlig skikkelse. Da hun på grund af overanstrengelse på et tidligere tidspunkt var ude af stand til at arbejde, tog de fem sønner med stor kærlighed sagen i deres hånd og opretholdt livet for dem alle. De lever i en usædvanlig og harmonisk idyl. Kønsrollerne er overraskende byttet om: den ene søn er en mester til at bage brød, Bibi ser ham med forklæde på i køkkenet. En anden søn er keramisk begavet, en tredje væver, en fjerde kan sy og en femte spille violin. Denne familie, der skildres af Bibi med stor begejstring, bliver et forbillede for hendes fremtidige liv, ligesom den indeholder tanker, der videreføres i *Den grønne Ø*, som netop blev skrevet færdig under arbejdet med *Bibi*-bøgerne. Som det fremgår, indgår der overraskende mange "voksne" problemstillinger i Karin Michaëlis' børnebøger, både af pædagogisk, psykologisk, social, politisk og filosofisk art, og de afspejler alle Karin Michaëlis' internationale og pacifistiske humanisme.

Alle *Bibi*-bøgerne er illustreret af Hedvig Collin, både med mange farvelagte illustrationer og med sort-hvide streg-tegninger. Mette Winge fremhæver i sin afhandling,[49] at tegningerne og teksten er integreret i en grad, som man ellers ikke så det i datidens danske børnebøger, men kun af og til i de udenlandske som f.eks. i A. Milnes *Peter Plys* og K. Grahames *Venner paa Vandring*. Mette Winge kommenterer det overraskende faktum, at *Bibi*-bøgerne blev så udbredte *uden for* Danmark, men (bortset fra 1. bind, der kom i 2 oplag) kun udkom i eet oplag i herhjemme.[50] Hendes forklaring er, at Karin Michaëlis forsøger at gengive Bibis tanker og oplevelser i et barns udtryksform, hvilket medfører en opremsende og digressionsfyldt og ofte snørklet fortællemåde. Andre passager er fortalt af en voksen fortæller, der omhandler historiske og geografiske forhold. Begge dele, både den barnlige fortællemåde og de oplysende kapitler, lå så fjernt fra den herskende børnebogstradition, at bøgerne har virket vanskelige at læse. Gennem oversættelsen er sproget ifølge Mette Winge blevet normaliseret og udglattet, og det barnlige præg er dæmpet. En anden forklaring er sikkert også, at Karin Michaëlis i det hele taget var mere læst i udlandet, og at *Bibi*-bøgerne har virket så tiltrækkende "eksotiske" i udlandet netop i kraft af det skandinaviske miljø, som Bibi kom fra, og som nogle af bøgerne udspillede sig i. Der var (og er stadig), især i Tyskland og Østrig, en stor interesse for Norden. Men måske henvendte Karin Michaëlis sig i virkeligheden også mere til et udenlandsk publikum – som en slags "ambassadør" for Danmark i Europa. I hvert fald er det bemærkelsesværdigt, at de enkelte bind udkom først på tysk og som regel først året efter på dansk, og Bibis rejser i Tyskland, Tjekkoslovakiet, Polen, Østrig, Østprøjsen har måske også haft større appel til børn og unge i Tyskland og Centraleuropa. Bøgerne udkom som tidligere nævnt på mere end 30 sprog, ofte dog kun enkelte bind, men i Tyskland udkom de fire første bind både enkeltvis, i en kassetteudgave i 1931 og i en billig "Volksausgabe" i 1932. Efter 1933 ændredes Karin Michaëlis' forlagssituation i Tyskland.[51]

Den sidste meget muntre og veloplagte børnebog, som Karin Michaëlis skrev, og som blev en succes herhjemme, var *Lotte Ligeglad* med tegninger af Marie Hjuler. Atter har vi en enlig mor med fire børn som i "Pandekagehus"-idyllen omkring Velsigne, men miljøet er denne gang et storbymiljø i København. Romanen udspiller sig i Nyhavn i en kælderbutik med skibsudstyr til søfolk, med skraldespande og rotter i gården og fulde folk i nabo-værtshuset. Igen er det de fire søskende, der magter en stor del af livet for moderen, der hverken er særlig dygtig til at klare forretningen eller de hjemlige opgaver, og som i øvrigt er fraværende i bogens handling, da hun skal rejse til en begravelse i Jylland. Den ældste praktiske datter sørger med dygtighed og omsorg for alt i huset, medens den ældste søn, en enspænder, udmærker sig i skolen. De to yngste Smut og Lotte Ligeglad er begavede, fantasifulde og meget vitale. Vi lærer alle husets beboere at kende og får et billede af en række "stille eksistenser" fra forskellige sociale lag, en gammel mor, der længes efter sin søn, der er rejst ud i verden, to fattigfine frøkener med en lotterikollektion, en snobbet spillelærerinde, der lever alene med sin søn, Caruso, som hun fører frem som et musikalsk vidunderbarn, en hjemløs kludesamler, der holder til i et skur i gården, og en handlekraftig og myndig verdensmand af en kaptajn fra et af skibene i havnen. Alle samles af de fire søskende til en usædvanlig fest i slutningen af bogen.

Foruden de nævnte børnebøger og den allerede omtalte *Glædens Skole* fra 1914, skrev Karin Michaëlis i 1906 bogen *De smaa Mennesker*, for størstedelen fortællinger om børn.

I 1931 var Karin Michaëlis udgiver af en bemærkelsesværdig bog *Das Antlitz des Kindes. Bilder und Studien aus der Welt unserer Kinder*[52] med artikler af hende selv, af Eugenie Schwarzwald, Vicky Baum, Walther von Molo, Klaus Mann og Clara Viebig.

Bogen, der er i stort format, indeholder 150 fotos (de fleste helsides) af børn i alle aldre og situationer samt af forskellige racer, fotograferet af en række kendte fotografer.

IV. Romanen *Den grønne Ø*

I denne del af afhandlingen skal der redegøres for romanen *Den grønne Ø*'s tilblivelses- og udgivelseshistorie. Derefter vil romanen blive analyseret, idet den centrale jordemoderskikkelse afslutningsvis skal behandles mere udførligt. I denne forbindelse skal de afsnit belyses, som uden Karin Michaëlis' samtykke blev strøget i den tyske udgave, ligesom de nye afsnit skal omtales, som er tilføjet 1937 i den danske version. Dette punkt fører videre til en undersøgelse af Karin Michaëlis' forhold til jødedommen og antisemitismen.

Den grønne Ø's tilblivelses- og udgivelseshistorie
Romanens tilblivelse og udgivelse strækker sig over mere end 10 år. Der foreligger forskellige versioner, men da ingen manuskripter eller typoskripter er bevaret, bygger følgende rekonstruktion på grundlag af de trykte udgaver og korrespondancer med udgivere og med tegneren Hedvig Collin. Processen synes at forløbe i tre faser:

1) 1923-24: konception og nedskrivning af en "drømmeversion"; romanens katastrofe er "kun" en drøm. Titlen er formodentlig "Kongen på Thurø".

2) 1932: udarbejdelse af et endegyldigt manuskript, der oversættes af Maria Lazar til en tysk "original-udgave", der udkom påsken 1933, men "censureret" af forlæggeren Herbert Stuffer. Typoskriptet til denne oversættelse er grundlaget for alle oversætterne: den hollandske, italienske, tjekkiske og engelske. Ud fra disse oversættelser er det muligt at rekonstruere de bortcensurerede afsnit i den tyske original fra 1932.

3) 1933-36: udarbejdelse af den udvidede danske udgave, der udkom i København 1937.

Første arbejdsfase 1923-24
De første henvisninger til en bog med titlen *Die grüne Insel* findes i breve fra 1932 fra forlæggeren Herbert Stuffer til Karin Michaëlis. Men ideen til bogen synes at gå tilbage til året 1923, og dermed placerer romanen sig tidsmæssigt i nærheden af ekspressionismens utopier om den gamle verdens undergang og

med opbygningen af en ny, ofte socialistisk verdensorden på ruinerne af Første Verdenskrigs Europa. Karin Michaëlis' danske forlægger Halfdan Jespersen skriver den 24. august 1923 til hende:

> "M.H.til *Drengebogen* skal jeg bemærke, at jeg – støttet af Erfaringer – ikke tror, at en saadan vil have større Salgsmuligheder, naar den udgives under et selv nok saa anerkendt Forfatter*inde*navn; jeg vil derfor anse det for tilraadeligt, at den udgives pseudonymt".[53]

Dette stemmer overens med Mette Winges analyse af datidens børnebøger: mænd skrev normalt drengebøger og kvinder pigebøger. I de sjældne tilfælde, hvor kvinder skrev drengebøger, udgav de dem under mandligt pseudonym og tilsvarende omvendt.[54] Om salgsmulighederne kunne Jespersen dog ikke ytre sig, før han havde set manuskriptet, men bogen kunne tidligst udkomme det følgende år. Nogle måneder senere sendte Karin Michaëlis ham manuskriptet, og af Jespersens kommentar er det tydeligt, at det drejer sig om en tidlig version af *Den grønne Ø*: der er tale om en syndflodskatastrofe, og hovedpersonen hedder som i *Den grønne Ø* Torben. Men den fantastiske handling synes at være en drøm, sandsynligvis for at bevare romanens realisme, hvilket dog var problematisk og senere blev ændret. Jespersen skriver den 20. maj 1924 til Karin Michaëlis, der endnu arbejdede på slutningen:

> "Jeg er nu færdig med Gennemlæsningen af Bogen om Kongen paa Thurø. Det er – som jeg sagde Dem i vor Samtale – en pragtfuld Bog og ganske uden Sidestykke i Litteraturen, men jeg har mine Tvivl m.H.t. den Popularitet, den vil opnaa. Enkelte af Afsnittene som f.eks. Præstens Prædiken (henimod Bogens Slutning), Torbens Skolereform og meget andet er jo vidunderligt og vil sikkert blive fremhævet i Kritikken og blive staaende i Litteraturen, men enkelte af Detailleskildringerne af Forholdene paa Øen efter Syndfloden og de Foranstaltninger, der træffes af Torben og Beboerne, vil maaske til Held for Bogen som Helhed kunne forkortes eller udelades, saale-

des at Bogen virker mere koncentreret, og dens Idé derfor kommer til at virke stærkere. Det er maaske ogsaa noget usandsynligt, naar Idéen [om] en Drøm skal opretholdes, at de forskellige Beboeres personlige Ræsonnementer kommer frem uden om Torben, da logisk set alt, hvad der hænder maa passere hans Hjerne. Jeg gør disse Bemærkninger nu, mens Indtrykket af Bogen er frisk, og saafremt De agter at foretage nogle Forandringer i Bogen samtidig med, at De skriver de sidste Kapitler, vil det maaske være praktisk at gøre Manuskriptet fuldt færdigt til Trykning, medens Bogen endnu beskæftiger ogsaa Deres Fantasi, saaledes at den kan ligge klar til Trykning paa det gunstige Tidspunkt."[55]

Det er interessant, at Karin Michaëlis på samme tid, hvor hun nedskrev den første version, beskæftigede sig intenst med den russisk-amerikanske anarkist Alexander Berkmans selvbiografi, som hun oversatte og gerne ville have Jespersen til at udgive. Jespersens breve spejler hendes begejstring og hans egen borgerlige holdning. Den 24. august 1923 skriver han i samme brev, hvor han taler om hendes drengebog: "Den oversatte Bog mod Bolschevismen interesserer mig meget" og den 19. december 1924: "Til Anarkistbogen siger jeg Ja og Amen". Den 21. februar 1925 siger han om "Anarkistens Memoirer": "Jeg skal læse Deres Bibel med fornøden Andagt [...] saadan nogen ligefrem Forlystelse kan Anarkistens Memoirer jo ikke blive for mig", dog foreslår Jespersen, at bogen må forkortes med en tredjedel. Den 26. februar 1925 formulerer han en meget negativ vurdering efter at have læst bogen: "Jeg synes Skidt om Anarkisten og hans Bog. Manden er Fanatiker og følgelig blind paa det ene Øje. Han mangler Overblik og Storsyn, er ukritisk og som alle Anarkister saa ensidig i sin Kærlighed til én Samfundsklasse og sit Had til en anden, at han er ganske ude af Stand til at tænke paa *hele* Samfundets Vel. Desuden er han selvglad og forfængelig – og Morder". Det ville være umoralsk at ville tjene penge på ham. Arbejderne er i Danmark den regerende klasse med gode forhold. Bogen ville kun gøre fortræd herhjemme, og Jespersen vil ikke udgive den. Den 30. marts 1925 nævner Jespersen igen Berkmans bog: "Hvor det glæder mig, at De er færdig med

DERES ELSKEDE Berkman. Jeg finder jo altsaa, at De har kastet Deres Kærlighed paa en Uværdig, men Fanden forstaa Menneskene paa det Punkt!" – Karin Michaëlis' oversættelse af Berkman udkom på norsk i 1926 med et forord af hende.[56] Karin Michaëlis havde truffet de to russisk-amerikanske anarkister Emma Goldman og Alexander Berkman i Berlin og sluttet venskab med dem ligesom med den amerikanske socialist Agnes Smedley, der efter sit engagement i den indiske frihedskamp senere deltog i Maos lange march, og som i 30'erne distancerede sig fra sine gamle ven Emma Goldman og hendes kritik af kommunismen og stalinismens diktatur. I 1925 opholdt Agnes Smedley sig fire måneder hos Karin Michaëlis på Thurø, hvor hun skrev størstedelen af sin bog *Daughter of Earth*.[57] På samme tid opholdt også Alexander Berkman sig en tid som gæst på Thurø. I sommeren 1931 tilbragte Karin Michaëlis længere tid sammen med Emma Goldman hos en fælles ven i Tyskland, Medizinalrat Graf Wieser, hvor hun læste Emma Goldmans manuskript til erindringsbogen *Living my Life*, om hvilken hun skrev en begejstret kronik i *Politiken* den 10. februar 1932. Ved denne lejlighed tegnede hun også et personligt portræt af Emma Goldman. I 1927 skrev hun endvidere i månedsskriftet *Tilskueren* en udførlig artikel om den russiske anarkist Nestor Makhno og hans modsætningsforhold til de kommunistiske ledende skikkelser i den tidlige del af den russiske revolution. Karin Michaëlis synes i 20'erne at befinde sig tæt på anarkisternes synspunkter i deres kritik af undertrykkelsen i Sovjetunionen, medens hun i 30'erne, – under Brechts indflydelse? – mere nærmer sig kommunismen i Sovjetunionen. Det synes tilfældet i en lang række positive kronikker i *Politiken* i 1934 om rejseoplevelser i Sovjetunionen, som hun besøgte i flere måneder sammen med Hedvig Collin for at samle stof til en ny bog om Bibi.

Det er nærliggende at formode, at Karin Michaëlis, der havde så nær kontakt til de nævnte fremtrædende anarkister og socialister, netop da hun skrev den første version af *Den grønne Ø*, har ladet sig inspirere af dem til romanens utopiske grundidé.

Det er morsomt at læse Halfdan Jespersens breve til Karin Michaëlis fra denne periode. Hun har drøftet mange ting med ham. Det var ham, der – foruden flere andre romaner af hende – udgav hendes hovedværk *Træet paa Godt og Ondt*, der endelig skaffede hende anerkendelse i Danmark. Han ansporede og opmuntrede hende til at gøre værket færdigt, og han var stolt over at være hendes forlægger. Hans breve afspejler også den udstråling, der udgik fra hendes personlighed. I et udateret brev skriver han f.eks. "Kære Karin. Tak for vore hyggelige Timer, De er et helt Festfyrværkeri, og naar De og Fru Herdis [Bergstrøm] futter af samtidig kan Tivoli godt pakke sammen [...] Jeg savner Dem mere for hver Gang De har optrådt som Stjerneskud her i Byen." Og et andet sted skriver han: "De er et dejligt Menneske, baade privatim og i Forlagsanliggender. Tak fordi De vil redde *Følgerne* i Land i Aar". Særlig begejstret er han for Karin Michaëlis' hovedværk om Gunhild, idet han anser hende for en af samtidens største forfattere.[58]

I et brev fra slutningen af marts 1925 kommenterer han en romanplan hun havde om en cirkusartist, der slår tallerkener itu:

> "Kære beundrede Veninde – hvor e r De fuld af mærkelige Lyster – som nu den at ville skrive en Bog om en Cirkusartist, der slaar Tallerkener itu! Jeg kan godt forstaa Fristelsen, men maa vi ikke allesammen beherske vores Lidenskaber – ialfald officielt? Og hvad tror De Folk vilde sige, hvis Henrik Ibsen eller Oehlenschläger havde givet sig til at skrive om Jomfru Tidsfordriv – eller Olshansky? Den Slags vil Publikum simpelthen ikke finde sig i [...] Talent forpligter som bekendt."

Karin Michaëlis opgav dette romanprojekt, men ikke figuren: han optræder som en sympatisk, poetisk og morsom bifigur i *Den grønne Ø*. Modellen var i øvrigt den internationalt berømte danske cirkusartist Carl Baggesen, kaldet "Tallerken-Baggesen", som slog sig ned på Thurø som nabo til Karin Michaëlis. Storm P. har tegnet en morsom tegning i *Hver 8. Dag* den 22. november 1918 med teksten: "Karin Michaëlis og Baggesen paa Thurø", hvor han skildrer "det ejendommelige Naboskab mellem Forfatterinden Karin Michaëlis og Tallerken-Kunstneren Baggesen." Man ser i forgrunden af to huse med haver adskilt med et plankeværk, Karin Michaëlis med pen, blæk og papir ved et bord – og på den anden side af stakittet jonglerer Baggesen og hans kone med tallerkener og kander.

Storm Petersens tegning af de to usædvanlige naboer på Thurø, Karin Michaëlis og den internationalt berømte danske cirkusartist Carl Baggesen, kaldet "Tallerken-Baggesen", offentliggjort i *Hver 8. Dag*, den 22. november 1918. Gengivet efter tidsskriftet med tilladelse fra Storm P. Museet.

Samtidig med at Karin Michaëlis færdiggjorde manuskriptet af *Den grønne Ø* til udgivelse i Tyskland i 1932, udarbejdede hun et manuskript til en anden drengebog *Tre Venner* (hun havde åbenbart fået lyst til denne nye genre), om tre danske provinsdrenges pubertetsproblemer, der viser sig i forbindelse med deres rejse til New York. Jespersen afviste at ville udgive den.[59]

I sommeren 1933, i et brev fra den 14. juni, diskuterer Karin Michaëlis en dansk udgave af *Den grønne Ø* på Jespersens forlag, men da Jespersen kun kan honorere den som en børnebog på samme måde som *Bibi*-bøgerne, bliver det foreløbig ikke til noget. Hedvig Collin opfordrer hende i et brev fra den 8. juni 1933 til at acceptere Jespersens tilbud, børnebøger bliver nu en gang ikke så højt honoreret som romaner.

Jespersen fortæller i et brev fra d. 19. juni 1933 til Karin

Tegning af Hedvig Collin af figuren Tallerkenslaaistykker-Manden i *Den grønne Ø*.

Michaëlis, at han i Bruxelles har mødt mange forlæggerkolleger bl.a. Herman Kesten, og at alle havde talt om hendes storsindede hjælp til tyske emigranter. Og han fortsætter:

> "Penge, ja De har jo fulgt Deres Natur og tilfredsstillet Deres Hjertes Lidenskab for at glæde og hjælpe og saaledes brugt Deres Penge paa den Maade, som gav Dem størst Udbytte – men efter den almindelige menneskelige Betragtningsmaade har De jo baaret Dem temmelig vanvittigt ad. Og nu er baade Nutiden og Fremtiden saa truende, at De virkelig maa prøve at beherske Deres stærke Drifter paa det Punkt".

I 1935 udgav Jespersen hendes selvbiografiske roman om moderen *Mor*, men tilsyneladende var Karin Michaëlis ikke tilfreds med denne udgivelse. Jespersen forsvarer sig mod anklager fra Karin Michaëlis om, at udgivelsen var "lurvet"; det var godt papir, og en luksusudgave ville have været for dyr i butikkerne og ville ikke have kunnet sælges, og han mener også, at han har givet hende gode økonomiske betingelser.[60] I 1936 forlod Karin Michaëlis Jespersens forlag til hans store og berettigede skuffelse og gik tilbage til Gyldendal, som i 1937 udgav *Den grønne Ø,* medens Jespersen fortsat udgav *Bibi*-bøgerne og en særudgave af *Syv Søstre sad.* Den 7. juli 1936 skriver Jespersen om deres "skilsmisse":

> "Derfor er Skilsmissen et fait accompli [...] Jeg tror ikke, det er klogt af Dem – husk at det Forlag, der har hele en Forfattters Produktion, ved hver ny Bogs Fremkomst med Fordel kan arbejde for alle de tidligere (f.Eks. Bibi), men jeg er, kære Fru Michaëlis, ikke saa smaalig, at jeg ikke af et ærligt Hjerte kan og vil ønske Dem alt muligt Held med Eksperimentet. [...] Men lad nu alt det ligge. Jeg har haft megen Glæde at af arbejde med og for Dem, og det har været en berigende Oplevelse for mig at lære Dem at kende. De er og bliver et pragfuldt Menneske, selv om De – som de fleste Forfattere – er lidt mistroisk og uvenligt indstillet over for Deres naturlige allierede, Forlæggerne – in casu mig. Lev vel, kære Fru Karin. Min Familie er spredt i Udlandet paa Ferierejse, ellers vilde den forene sig med mig i en hjertelig Hilsen."

Anden arbejdsfase 1932-33
Af Karin Michaëlis' brevveksling med hendes tyske *Bibi*-forlægger Herbert Stuffer fremgår det, at hun overvejede en tysk udgave i 1929 af den første version (drømmeversionen)[61], som åbenbart ikke blev til noget. Men i maj 1932 vendte hun tilbage til planen og skriver bogen om til Stuffer, idet den oprindelige grundidé, at katastrofen var en drøm, faldt bort. Selvom Stuffer havde haft en sensationel succes med de fire første *Bibi*-bøger, der var udkommet i tre forskellige udgaver, befandt han sig i 1932 i økonomiske vanskeligheder, som dels skyldtes den politiske og økonomiske situation i Tyskland, og dels at Stuffer var syg i længere tid. For at hjælpe ham i hans økonomiske krise færdiggjorde Karin Michaëlis børnebogen *Die grüne Insel* til ham, hvormed hun håbede at skaffe ham en indbringende succes. Stuffer skrev den 27. maj 1932 til hende: "Selbstverständlich bin ich froh, daß Sie das Knabenbuch für uns schreiben. Ich bin Ihnen wirklich von Herzen dankbar, daß Sie diesen Plan unverzüglich in die Tat umsetzen. Natürlich bin ich außerordentlich gespannt, wie die-

ses Buch sein wird". Den 9. august 1932 skriver han: "Was das Knabenbuch betrifft, so habe ich in der Zwischenzeit von Frau Collin gehört, daß er gute Fortschritte macht. Ich bin kolossal gespannt." Den 2. september 1932 har Karin Michaëlis opsøgt ham i Berlin, og han skriver dagen efter i et brev til hende "von der verlegerischen Geburtsstunde des Buches, eines Buches, von dem ich einen sehr großen Erfolg erwarte." Endnu havde han ikke selv læst manuskriptet, men det havde hans forlagslektor Anja Mendelsohn, der var begejstret. Han ville nu, tilføjer han, sende manuskriptet til oversættelse hos Maria Lazar, der også havde oversat bd. 3 og 4 af *Bibi*-serien, og han ønsker Karin Michaëlis "schöne und ruhige Tage für das Schreiben des Schlusses".

At Maria Lazar var begejstret for bogen, fremgår af et brev fra Genia Schwarzwald til Karin Michaëlis fra den 6. oktober 1932:

"Auf dein Knabenbuch bin ich in höchstem Grade gespannt. Maria ist völlig begeistert und sagt, ein solches Kinderbuch habe es bisher noch nicht auf der Welt gegeben. Es wird Deinen Weltruf bei den Knaben aller Nationen begründen. Aber das Manuskript schickt sie mir nicht, sie schickt die Übersetzung, wenn sie noch nicht ganz trocken ist, weg."[62]

Den 20. oktober 1932 kan Stuffer meddele Karin Michaëlis, at oversættelsen af den nye bog nu er i hans besiddelse i sin helhed. Stuffer mente dog ikke, at bogen skulle kategoriseres som en børnebog, men snarere som en bog "für die reifere Jugend", for 15-årige og ældre. Men udgivelsen trak ud. Bogen udkom ikke som planlagt til jul 1932, men først til påske 1933. Dette meddelte Stuffer i breve fra den 12. og 29. november 1932. Han beklager, at forhalingen af lige præcis denne bog sikkert vil være en stor skuffelse for hende, så meget mere som hun netop ville hjælpe ham økonomisk med denne roman. Han nævner også, at han har sendt et gennemslag af oversættelsen til Genia Schwarzwald i Wien. Dette er en vigtig information i forbindelse med rekonstruktionen af udgivelserne. De andre udgivelser af romanen bygger på et sådant gennemslag af Maria Lazars tyske oversættelse, medens Stuffer på egen hånd i den tyske trykte udgave fjernede filosemitiske afsnit uden at meddele det til Karin Michaëlis. I et brev fra den 17. december 1932 foreslår Stuffer en ændring i slutningen af bogen og beder Karin Michaëlis om at indføre den i korrekturfanerne. Det drejer sig om en mere entydig heroisering af romanens unge helt Torben. Det bør være ham, der i slutningen af romanen får radiokontakt med omverdenen og ikke faderen, ingeniøren. Stuffer foreslog også, at det skulle være noget mere nyttigt, drengene fisker op af havet over Svendborg, end kirketårnets vejrhane. Stuffer takker i et brev fra den 10. februar 1933 for, at Karin Michaëlis er gået ind på hans ændringsforslag og meddeler, at trykningen går rask fremad. I de følgende breve forhandler de om kontrakten, og Stuffer foreslår, at hun overdrager ham alle rettigheder undtagen for den danske udgave. Dette var ikke tilfældet for *Bibi*-bøgerne. Karin Michaëlis gav Stuffer denne gunstige ordning, som blev bekræftet i kontrakten fra den 30. marts 1933, hvori det i paragraf 1 hedder: "Frau Michaëlis überträgt dem Verlag die Verlagsrechte an der Jugendschrift "Die grüne Insel" für alle Auflagen und Ausgaben mit Ausnahme der dänischen Ausgabe".[63]

Die grüne Insel udkom påsken 1933 som originaludgave på tysk, og allerede i maj og i de følgende måneder forhandlede Stuffer med *Bibi*-forlæggerne i Tjekkoslovakiet, Italien, Holland og England om udgaver af romanen på grundlag af den tyske oversættelse.

Mellem den 3. august og den 30. december 1933 standser den ellers tætte korrespondance mellem Stuffer og Karin Michaëlis. Forklaringen får man i breve fra Hedvig Collin til Karin Michaëlis. Hedvig Collin, der var illustrator på både *Bibi*-bøgerne og *Die grüne Insel*, delte honoraret fity-fifty for bøgerne med Karin Michaëlis. I et brev fra den 26. oktober 1933 til Karin Michaëlis[64] fortæller Hedvig Collin, at hun har fået "et meget uhyggeligt brev" fra Stuffer, der skylder hende 4.800 Mark. Stuffer skriver i sit brev, at 3. og 4. bind af Bibi var "völlig vergriffen", og at forlaget, der først så ud til at ville klare sig godt i efteråret, nu nok på grund af en "Ulykke", som Karin Michaëlis havde skyld i, ville få økonomiske vanskeligheder. Hedvig Collin skulle blot spørge Karin Michaëlis om forklaringen, skriver Stuffer, og Hedvig Collin skriver videre i brevet til Karin Michaëlis:

"De ser hvor vred han er: Jeg antager efter hans Breve at dømme, at han er ved at gå fallit p.G. af Deres Radio-Speak! er det der Tampen brænder? Han kan intet sende mig. *"völlig vergriffen"* [udsolgt fra forlaget] er vel "forbudt", hvad? Ak De Jyde hvad skulde det nu ogsaa til? med at forplumre det for os? fordi: naar en Jyde har noget paa Hjertet skal det ud! om det saa skal ud gennem Ribbenene – til Glæde for hvem? til Gavn for hvem? Jeg vil ikke med dette Brev tigge om noget, men kun fortælle Dem hvorledes Landet ligger for Stuffer og mig –: *rabundus*! Jeg har opløst mit Paulun og opmagasineret Klunset og saa begynde forfra.

Det er skrækkeligt at blande sig i Politik. De er en skrækkelig Ka'l. Hermed et Colinettesuk."

I et brev fra den 11. januar 1934 til Karin Michaëlis fortæller Hedvig Collin om en rejse til Berlin, hvor hun har talt med Stuffer:

"Jeg talte med Stuffer. Gang paa Gang bad han mig indtrængende forsikre Karin om at han var ikke vred ikke fornærmet – intet har forandret *hans* Forhold til Dem. – Men han *kan* ikke skrive. Ser De – det er en lang Historie som De maaske ikke tror paa. Men Deres – hvad skal vi kalde det – Tale – har bevirket at De er paa den sorte Tavle – alle Breve til og fra Dem bliver aabnede – og skriver Stuffer til Dem er han færdig. Altsaa det er Kamp paa Liv og Død. Eksistensen det gælder ikke Stuffer alene men ogsaa mig – at De er forsigtig."

Og hun skriver videre, at Stuffer "fra højere Steder" med bedre viden havde fået at vide inden jul, at Karin Michaëlis "var på Vippen", men fra højere sted ville man ikke skade julesalget, derfor fik ingen i Tyskland noget at vide før *efter* jul. Bøgerne solgte godt, fordi ingen vidste noget. Men hvis ikke Karin Michaëlis ville vige fra at udtale sig, ville både Stuffer og Hedvig Collin tabe alt hvad de håbede at faa at leve af. "De er en rigtig Egoist [...] Thi De ved godt, at med Deres Udraab ruinerer De os begge. De ved vel, at Stuffer skylder mig 7.000 Mark – det er ikke Spøg for mig – hvis Stuffer bliver ødelagt. Og hvis De laver russisk Bibibog saa er det helt forbi"

Hedvig Collin fraråder, at næste *Bibi*-bog skal udspille sig i Rusland. Dette har Karin Michaëlis ubesindigt nævnt skriftligt over for Stuffer, som er fortvivlet:

> "Han tør ikke lade som han er Deres Ven – han ved jo at Deres Breve er læste og De er en Fjende af Regeringen. Han kan og tror ikke han falder med det samme [...] Han er fortvivlet over Deres ubesindige Frimod. De maa ikke ødelægge ham [...] Han vil De skal redde ham med et Ord et glattende Udtryk mod Systemet. Saa kan han igen sælge Bibi – han ved nemlig ikke om han tør optrykke igen, om De blir forbudt eller ej. – Hvis De igen faar et Anfald! Den gode Presse De har haft, siger han er fordi tyske Blade intet har faaet at vide endnu – Men pas paa, det kommer. "Justine" er allerede nedsablet."

Og Hedvig Collin tilføjer, at Stuffers jødiske sekretær fru Mendelsohn er taget til Paris af frygt for koncentrationslejr. Til sidst i brevet skriver Hedvig Collin: "Deres Jødevenlige Paragraffer i Grüne Insel er strøget."

Af denne sidste bemærkning er det åbenbart blevet klart for Karin Michaëlis, at Stuffer på egen hånd havde strøget afsnit i *Die grüne Insel*. Stuffer havde genoptaget kontakten med et brev fra den 30. december 1933, i hvilket han skriver, at han med glæde har hørt, at hun er blevet medlem af "Reichsverband Deutscher Schriftsteller", og han beder hende blot om en bekræftelse. I de følgende breve beder han hende om ikke at udgive fortsættelsen af *Bibi*-bøgerne på tysk uden for Tyskland, f.eks. på et eksilforlag (hun udgav dem senere i Schweiz); men med hensyn til rettighederne til *Die grüne Insel*, så tilhørte de ham. Karin Michaëlis ville åbenbart gerne vide, hvordan det forholdt sig med de afsnit, som var forsvundet i *Die grüne Insel*, og hun forlangte at få originalmanuskriptet af den tyske oversættelse tilsendt. I et brev fra den 7. maj 1934 skriver Stuffer, at han ikke kan sende manuskriptet, fordi det er lagt i depot sammen med andre værdifulde sager i forbindelse med hans midlertidige flytning, og i et brev fra den 7. august 1934 skriver han, at han ikke har villet sende det, før hun var tilbage fra sin rejse [til Rusland]. Han skriver videre:

"Leider ist es nicht ganz vollständig, es fehlen hier und dort ein paar Seiten, die wir trotz eifrigen Suchens nicht wieder gefunden haben. Unsere Aufbewahrung solcher Dinge ist sonst äußerst sorgfältig und genau; aber Sie werden sich erinnern, daß ich im vorigen Jahr aus gesundheitlichen Gründen mein Büro für einige Monate nach Baden-Baden verlegen mußte. Dieses Provisorium mit den doppelten Büros in Berlin und B.-B. war manchen Dingen der Ordnung und des Aufräumens nicht ganz günstig, und davon wurde offenbar auch das Material der grünen Insel, die damals gerade erschien, betroffen. Nur so kann ich mir erklären, daß die Seiten fehlen. Glücklicherweise ist das MS [Manuskript] aber gerade bei dem Kapitel, auf das Sie besonderen Wert legen absolut vollständig. Sie haben also die ursprüngliche Fassung der deutschen Übersetzung vor sich, wenn Sie ein Exemplar unserer deutschen Buchausgabe nehmen und jenes eine Kapitel durch das Übersetzungsmanuskript ersetzen."

Men han betoner videre i brevet, at hun ingen dispositionsret har over *Die grüne Insel* bortset fra den danske udgave, og han kræver at få manuskriptet tilbage, da det ifølge kontrakt tilhører ham. Han har købt og betalt det. Det er tydeligt, at Stuffer forsøger at sløre, at han bevidst har fjernet de projødiske afsnit i den udgave, der skulle trykkes i Tyskland, idet han forsøger at lade som om, det er sket på grund af uheldige tilfældige omstændigheder. Der er, må man formode, tale om "selvcensur".

Afsnittene, som Stuffer har fjernet, stod i kapitlet "Brennesseln" s. 144 og svarer til siderne 191-96 i den italienske udgave, til siderne 125-29 i den tjekkiske og til siderne 196-202 i den hollandske udgave.[65] Da den senere danske udgave fra 1937 netop på dette punkt er udvidet og ændret, svarer den tyske udgave kun delvis til siderne 196-202 i den danske udgave. De fjernede afsnit har med jordemoder-figurens forhistorie at gøre.

Den danske udgave 1933-36
Det er tydeligt fra begyndelsen, at Karin Michaëlis ønskede at have fri rådighed over den danske udgave. Det fremgår af kontrakten med Stuffer, der fik alle rettigheder undtagen for den

danske. Det bekræftes også i Stuffers brev til Karin Michaëlis fra den 7. juni 1933, i hvilket han meddeler, at han har sendt det danske manuskript til Jespersen "weil Sie sich in Entscheidung vorbehalten hatten, in was für einer Fassung das Buch in Dänemark erscheinen soll." Hvornår Karin Michaëlis har ændret den danske udgave, kan ikke siges med sikkerhed, men sandsynligvis mellem 1933 og 1935, hvor hun først forhandlede med Jespersen, men så aftalte udgivelsen med Gyldendal. Jødeforfølgelserne i Tyskland efter 1933 bliver direkte nævnt i den danske udgave og ses i en historisk sammenhæng med pogromer tidligere i århundredet i Østeuropa.

Der er også i den danske udgave tale om en lidt mere direkte politisk drejning, som måske kan hænge sammen med Karin Michaëlis' positivt oplevede rundrejse gennem Sovjetunionen i 1934. Mange steder er teksten udvidet i den danske udgave, dog uden at romanen er ændret væsentligt. Den danske udgave udkom i 5.000 eksemplarer, af hvilke der i slutningen af 1946 kun var solgt 2.183 eksemplarer.[66] Romanen fik en meget negativ omtale i *Berlingske Aftenavis* den 26. november 1937.[67] Forældre advares mod at give deres børn den slags propaganda at læse.

Selvom romanen ikke blev en succes på linie med *Bibi*-bøgerne, så fandt den dog en vis udbredelse gennem udgivelsen på 6 sprog.

Analyse af *Den grønne Ø*

Romanens realistiske miljø. En nøgleroman?
Karin Michaëlis har valgt et udpræget realistisk og velkendt miljø som ramme for sin utopi. Den udspiller sig i hendes egen sociale og politiske samtid i Danmark. Selvom navnet Thurø ikke nævnes noget sted i bogen, er der ingen tvivl, om at geografi, landskab og befolkning er tegnet med Thurø som model: beliggenheden syd for Svendborg, naboøerne Thaasinge, Langeland, nogle meget specielle lokale stednavne som Sodemaen, Smørmosen, Gambøt, Grønneodde, Revet og Bunden peger også klart hen på Thurø. Hedvig Collins håndkolorerede tegning af øen med form "som et par bukser med umage lange

ben" med mose, skov, kirke, mølle, store gårde etc., som findes som indledende tegning i de oversatte udgaver af bogen (ikke i den danske), peger ligeledes klart hen på identitet med Thurø. Sammenligner man skildringen af de sociale og økonomiske forhold i romanen med oplysningerne i artiklen "Turø" i Salmonsens Konversationsleksikon fra 1927, finder man en nøje overensstemmelse. Antallet af indbyggere er i romanen 1600, i Salmonsen 1672. Og i Salmonsen hedder det videre: "Øens Befolkning er i høj Grad knyttet til Søen, dels ved Fiskeri, men ganske særligt ved Skibsfarten: der er saaledes betydelige Rederier, mange Skibsførere og Sømænd, og dens Handelsflaade tæller over 100 Skibe med c. 15000 Reg.-T ..." Salmonsen nævner endvidere:

> "Turø By med Kirke, Præstegaard, Skole, Privatskole, Mølle, Kro, Andelsmejeri, Spare- og Laanekasse, Alderdomshjem, Fiskerøgeri og Badepensionater; endvidere er der Telegraf- og Telefonstation, Elektricitetsværk og Færgeforbindelse over Skaarup Sund. Øen har flere Skibsværfter, hvor der i Tidernes Løb er bygget en Mængde Træskibe. Saavel i Byen som udenfor findes mange Villaer, som dels beboes af Skibsførere m.fl. og dels anvendes som Sommerboliger."

Alt dette er i nøje overensstemmelse med romanens virkelighed, bortset fra Spare- og Laanekassen, der er udeladt hos Karin Michaëlis – vel fordi pointen er, at det bliver et pengeløst samfund efter katastrofen. Man hører kun en enkelt gang om badegæster, der skal komme, og om Turisthotellet, men feriesæsonen er ikke begyndt endnu, inden katastrofen indtræffer.

Der findes ingen direkte tidsangivelser i bogen, men handlingen udspiller sig ca. 1925, nogle få år efter verdenskrigen, som der flere gange refereres til. Der omtales et sted radioens morgengymnastik (Statsradiofonien begyndte i 1922). Der er ingen bro, kun en færge, der bringer biler og varer til øen. Der er ingen læge, han skal sejles over til øen. Dette svarer til situationen på Thurø før 1925.

Personerne i romanen er karakteristiske og realistisk skildrede repræsentanter for de forskellige sociale lag på øen, som samtidig eksemplarisk afspejler det danske samfund. I det øverste sociale lag har vi sognefogeden, præsten, skibsrederne, storbønderne, mølleren, mejeristen, lederen af elektricitetsværket, ingeniøren, kaptajnerne og overlæreren; i mellemlaget: håndværkere, skibstømrere, smede, bagere – og nederst: fiskere, sømænd, husmænd, røgtere, karle og piger. Uden for arbejdslivet står de gamle, bl.a. dem på alderdomshjemmet og frem for alt i romanen: børnene. Der findes også outsidere som f.eks. kunstmaleren og hans familie, cirkusartisten og hans kone – og i en vis forstand også jordemoderen, øens kloge kone, som ganske vist er tjenestemand.

En særlig sproglig egenart på Thurø er det, at skibsnavnene overføres til kaptajner, styrmænd og deres koner og bliver en del af personnavnene, som f.eks. "Garibaldi" Jørgensen, "Matrone" Hansen, "Haabet" Andreasen.[68] Eksempler i bogen er Kaptejn Brinken "Petrea", Martin "Lukretia", Rasmus "Dannebrog", Fru Mortensen "Haabet", Ejler "Kap det grønne Haab" eller Torsten "Nu Orlins", som skibets ejer selv staver skibets navn.

Selvom romanen tilsyneladende udspiller sig i en afsides idyllisk dansk provins, er den store internationale verden hele tiden nærværende. Alene den kendsgerning, at halvdelen af øens beboere i deres erhverv er knyttet til skibsfart, fremmer en åbenhed, der går ud over en provinsiel snæversynethed. Kaptajnerne og søfolkene har været i alverdens lande, f.eks. fortæller den gamle husmand Severin om sine oplevelser på langfart, redernes skibe sejler på hele verden, præsten har i sin studietid været i Ægypten og jordemoderen har boet i Hamborg. Men fremfor alt gennem hovedpersonen Torben og hans familie kommer et overraskende sibirisk-asiatisk perspektiv ind i den danske provinsverden. Dette perspektiv bliver så meget mere dominerende, som store dele af romanen ses og opleves gennem Torbens perspektiv. Torben er født i Kiachta i umiddelbar nærhed af den kinesiske by Maimachin i det østlige Sibirien på grænsen til Mongoliet og Kina, hvor han har tilbragt sine tidlige barndoms- og ungdomsår. Han længes ofte efter Sibirien, naturen og menneskene, og han reflekterer over, hvor han hører hjemme, i Sibirien hans fødeland, som står ham meget nær, eller i Danmark hans fædreland, hvor han nu bor. Der indflettes meget ofte eksotiske sibiriske perspektiver i sammenlignende kontrast til de danske provinsbeskrivelser. Torbens far, ingeniør Andersen, var nemlig før verdenskrigen blevet udstationeret i Sibirien for at oprette og bestyre telegrafstationer. Den opfindsomme og intelligente ingeniør repræsenterer Karin Michaëlis' tidstypiske optimistiske tro på den moderne tekniks muligheder. Han konstruerer blandt andre ting små vindmøller, som producerer energi til husholdningen. Også Torbens mor, Selma Andersen, bliver i bogen ledemotivisk forbundet med Rusland gennem Volgasangen, som hun gang på gang synger på russisk i længsel efter Rusland. Den russiske tematik er ikke politisk-revolutionær. Familien Andersens russiske oplevelser, der ligger før revolutionen (som de "kun" har oplevet i form af skyderier i Petrograd i 1917), er knyttet til russisk-asiatisk kultur, sprog og religion. Hele denne sibiriske tematik i romanen, som også er fuldt til stede i den tyske udgave fra 1933, men som Karin Michaëlis ikke kendte af personlig erfaring på dette tidspunkt, er uden tvivl inspireret af Karin Michaëlis' venner, ingeniør A.C.V. Hansen og hans kone Selmas beretninger. De var i 1917 vendt tilbage fra Rusland til Thurø med deres to børn og boede den første tid til leje hos Karin Michaëlis i nabohuset til "Torelore". Ingeniør A.C.V. Hansen, der havde været udstationeret for Det Store Nordiske Telegraf-Selskab fra 1905 til 1913 i den russiske by Kiachta på grænsen mellem Kina og Mongoliet, hvor han ledede telegrafstationen (som forudsætning for telegraf-forbindelsen Irkutsk-Peking), udgav så sent som i 1950 sin selvbiografi og rejsebeskrivelse *Paa yderste Forpost for Det Store Nordiske Telegraf-Selskab*.[69] Der er mange beskrivelser i *Den grønne Ø* af natur, religion, forskellige folkeslag og deres traditioner, der er som taget ud af A.C.V. Hansens senere bog, ligesom billederne i A.C.V. Hansens bog kunne være illustrationer i *Den grønne Ø*. Den danske udgave af *Den grønne Ø* er dediceret til A.C.V. Hansens søn "Til min unge Ven Kaj Kjackta Hansen", som Karin Michaëlis var så glad for, at hun ville adoptere ham.[70] Den russiske tematik er også udtryk for Karin Michaëlis' kærlighed til Rusland.[71]

Karin Michaëlis har ligeledes portrætteret andre venner fra Thurø. Som allerede nævnt den verdensberømte cirkus-artist Carl Baggesen "Tallerken-Baggesen" og hans kone, der i romanen bor i et lille paradisisk poetisk univers for sig selv med en hvidmalet sigøjnervogn i nærheden af jordemoderen.[72]

En mere central rolle spiller en anden kunstner i romanen, maleren og bohemen "godsejer" Lund, som sikkert i stor udstrækning er tegnet over Karin Michaëlis' nære ven maleren Niels Hansen, der slog sig ned på Thurø 1921. Den snusfornuftige praktiske og dygtige Malen i romanen er formodentlig modelleret over Niels Hansens datter Rikke.[73]

Også mange af de andre figurer i *Den grønne Ø* er uden tvivl tegnet over kendte skikkelser på Thurø.[74]

Realismen i romanen går så vidt, at man næsten kan tale om en nøgleroman. I en kronik *Levende Model* i *Politiken* fra den 3. januar 1926 kommenterer Karin Michaëlis forholdet mellem fiktion og virkelighed og fremhæver, at hun ikke kender nogen kunstner, der ikke skriver efter levende modeller, men som oftest slører forfatteren identifikationen med "andre fremmede Klæder og andre Omgivelser". Det afgørende er imidlertid, at kunstneren skriver af kunstnerisk tvang og gør det kunstnerisk overbevisende – og ikke af had og hævnlyst mod personlige fjender.[75] *Den grønne Ø* er ingen hævnakt, men snarere en kærlighedserklæring til Thurø og dens beboere.

Romanens opbygning og forløb.
Den kronologisk opbyggede handling i romanen, der er på 233 sider (287 sider i den tyske udgave), udspiller sig på samme sted, på den grønne ø i løbet af nogle få sommer- og efterårsmåneder. Begivenhederne formidles dels af en alvidende fortæller, dels i scener i ren dialogform, men den overvejende del af romanen ses dog i personalt perspektiv fra hovedpersonen, den ufordærvede idealistiske dreng Torbens synsvinkel. Den udstrakte brug af dækket direkte tale lægger op til læser-identifikation med hovedpersonen. Men da Torbens betragtningsmåde er stærkt præget af hans sibirisk-asiatiske opvækst, bliver de velkendte danske forhold ofte overraskende set med en slags "Verfremdungseffekt", dvs. sammenlignende og reflekterende. Samtidig indføres ad bagdøren elementer fra rejseromangenren, som også spiller så stor en rolle i *Bibi*-bøgerne.

Romanens 20 kapitler falder – stramt struktureret som i et drama – i 5 dele på 4 kapitler. De første fire kapitler, der alle foregår samme lørdag aften før skolernes sommerferie, udgør en eksposition og introducerer til romanens hovedfigurer og de forskellige miljøer og værdisæt. Den alsidige og talentfulde hovedperson, den 15-årige Torben, og hans miljø indføres i en dialog mellem forældrene. Af moderen ses han som en vordende digter, af faderen som en kommende opfinder og ingeniør og af den gamle husmand Severin som en håbefuld landmand. I Torbens hjem møder læseren et åbent internationalt, men borgerligtpatriarkalsk miljø. Det næste miljø introduceres med romanens anden hovedperson, den 14-årige Malen, Torbens praktiske og realistiske veninde. Hun er den ældste i en stor søskendeflok, datter af en kunstmaler, der med kone og børn lever i uborgerlige bohemeforhold, hvilket betragtes med stor skepsis af øens beboere. Foruden et par groteske bifigurer præsenteres som sidste vigtige skikkelse i ekspositionen øens eventyrlige jordemoder. Den gamle ordnede verden er endnu intakt.

2. del, kap. 5-8 udspiller sig den efterfølgende dag. Handlingen sætter ind med naturkatastrofen. Hele verden er sunket i havet, al kontakt med omverden uden for øen er ophævet. Forfærdelsen opleves først gennem Torbens perspektiv og derefter gennem flere andre skikkelser. Alle tror, de har fået stær og er ved at blive blinde eller tror, at de drømmer, og de reflekterer som Jeppe i baronens seng. Der opstår panik, og allerede første dag om søndagen sætter en omfattende hamstring ind, som forekommer hovedløs: en kone kører af sted med 5 barnevogne fyldt med brød, som vil mugne, inden hun når at spise det, en anden køber $1^1/_2$ kg kardemomme, 7 koste og fem blikvandfade. Alle forretninger er ribbede inden aften. De snedige, der har kontanter, opkøber privat sukker, smør, fedt, æg og høns samt om muligt maskiner, redskaber og fast ejendom hos de naive, der glæder sig over at få så mange penge i hånden, og som først bagefter opdager, at det var dumt. I løbet af få dage bliver det klart for den sagtmodige sognefoged, den øverste myndighed på øen, at han ingen autoritet har, (politiet er sunket i havet sammen med Svendborg) og møderne, som han indkalder til, ender hver gang i uenighed. Der må vælges en leder, som nyder anerkendelse, og som kan dæmme op for det begyndende anarki.

3. del, kap. 9-12 begynder med forsøget på at danne "en regering" i form af et timandsråd, der bl.a. skal standse den spirende kriminalitet. Nok kan timandsrådet blive enigt om, at man skal vælge en leder, en "konsul", men ikke om, hvem det

skal være. Valget skal derfor afgøres ved en offentlig lodtrækning, som alle også kvinder og børn skal deltage i – og blandt de 1599 blanke sedler trækker Torben den ene med et éttal på. Han er dermed den af skæbnen, tilfældet eller gud udvalgte, men han er kun et barn. Scenen er udformet som et højdepunkt (eller lavpunkt). Torben er fremstillet lidende med Kristus-træk. Uden at værge for sig modtager han den vrede reaktion fra de andre, der pisker ham med brændenælder, indtil den energiske Malen befrier ham og tvinger de andre til at vise ham respekt og ønske ham tillykke. Men timandsrådet, i hvis møder Torben nu deltager uden at de voksne ænser ham, strides fortsat og er ude af stand til at handle, medens den sociale situation forværres. Småfolks forråd er ved at slippe op, og de velbjergede holder på deres. Det kommer til tyverier og selvtægt. Et vendepunkt kommer først med en kort vred tale, som præsten holder. Alle øens skibe var forsvundet med katastrofen, det eneste, der endnu er tilbage, er et halvfærdigt skib på værftet. Efter præstens opsang bringer alle, hvad de måtte have af materialer, tjære, tovværk, sejldug for at bygge dette skib færdigt, så man kan sejle ud og udforske situationen i verden og eventuelt bryde isolationen. Alle bidrager ligeledes efter evne med proviant f.eks. med en ko, en gris, en høne, to kaniner, et kræmmerhus kandis og kanel. Til underholdningen skænkes en papegøje og en grammofon med plader. Maleren kommer med farver og lærred, hvis man skulle møde interessante landskaber, og jordemoderen kommer med en trillebør fuld af syltetøj og tørrede urter mod alskens sygdomme. Besætningen vælges ved lodtrækning, og skibet, der er blevet døbt den Grønne Ø (i sodavand i mangel af champagne), sejler af sted ud i det ukendte under ledelse af øens mest ansete sømand, kaptajn Gorm, for at finde andre overlevende i verden.

I 4. del, kap. 13-16, tager børnene i det opståede tomrum en række initativer. De danner under ledelse af Torben "Børnerepublikken grønne Ø", et alternativ til de voksnes fortsat splidagtige verden. Da øens to lærere er rejst med skibet, indfører børnene en skolereform på Torbens og jordemoderens initiativ. Øens børn går i gang med en række praktiske opgaver, der består i at samle forråd for at forberede sig til den kommende vinter. De indsamler store mængder tang, som kan bruges til gødning, til

Tegning af fisk, der hænges til tørre på telegraftrådene. Illustration af Hedvig Collin til *Den grønne Ø*.

tagtænkning, til madrasser og isolationsmateriale til f.eks. kartoffelkuler. Af de gamle på alderdomshjemmet lærer børnene at skære tørv, de indsamler store sten i strandkanten til brug til bygningsmaterialer i stedet for de hidtil gængse teglsten. Frugt, svampe og grøntsager samles og konserveres ved henkogning, tørring eller syltning (uden sukker, som er en mangelvare) under ledelse af jordemoderen. Når det regner knytter man fiskenet, som bliver nyttige, da store sildestimer pludseligt viser sig i vandet. Og da man ikke har salt, hænges de mange fangede fisk i stedet til tørre i vinden på øens mange telegraftråde. Disse anstrengelser for at samle forråd kulminerer i konstruktionen af et kæmpe forrådskammer i en udhulet lerskrænt, hvor de konserverede levnedmidler anbringes.

I sidste 5. del, kap. 17-20, vokser spændingen mellem de velbjergede, der endnu har forråd og de andre, der ikke har mere tilbage at lave byttehandeler med. Pengeøkonomien har opløst sig selv til fordel for tuskhandel, som fungerer endnu dårligere. Energiforsyningen er blevet problematisk, da der ikke er kul og kun lidt skov på øen. Torben og børnene foreslår, inspireret af jordemoderen, at afskaffe ejendomsretten og animalsk ernæring

Børnene sylter og henkoger til øens forrådskammer. Illustration af Hedvig Collin til *Den grønne Ø*.

med undtagelse af mælk til børnene. De store bønder og redere accepterer dog først dette efter hårdt pres.

Da kort efter en ny oversvømmelseskatastrofe truer fra mosen i midten af øen, og nu også øens eksistens står på spil, sætter alle, børn som voksne, rige som fattige alt ind på med fælles kræfter at bygge en dæmning. Men da ingeniøren meget sent erfarer om situationen, ser han derimod den rigtige løsning i at skabe et gennembrud for at kunne styre vandmasserne. Dette lykkes i sidste øjeblik ved alles fornyede indsats og ved hjælp af sprængstof fra to miner fra krigens tid, som han demonterer. Til al overflod opstår der et vandfald, hvis kraft senere kan udnyttes til elektricitet. Denne i fællesskab gennemførte ekstremt vanskelige opgave fører til en euforisk lettelse, der hensætter alle i en nærmest paradisisk forbrødrings-tilstand. Den nye orden har stået sin prøve i krisen. Derefter demonstrerer øens store drenge deres tekniske snilde ved at konstruere en kæmpeflåde med magnet, med hvilken de sejler hen over Svendborg.

Til sidst i romanen ses i horisonten det hjemvendende skib, og det lykkes ingeniøren at skabe en kortbølgeforbindelse med omverdenen. Men romanens slutning er åben. Hvad skibet medbringer, og hvad der videre sker, erfarer vi ikke.

Den samfundspolitiske og økonomiske udvikling i romanen
Øens samfundsform før katastrofen er kongeriget Danmark anno 1925: et moderne industrialiseret og specialiseret kapitalistisk samfund med en række sociale institutioner. Øen har i forhold til sin størrelse en stor handelsflåde, som tjener mange penge til øen. Landbruget drives for en stor del af dygtige store gårdmænd med moderne maskiner, importeret fra Amerika, ligesom den animalske produktion hviler på indførte foderstoffer. Dertil kommer fiskeri til øens eget behov. Energiforsyningen bygger på importerede kul. Almindelige industriprodukter som maskiner, tøj, sko, byggematerialer som teglsten, tjære, søm osv. importeres. Øens pengevæsen styres via banken i Svendborg. Politisk er det et repræsentativt konstitutionelt monarki, der bygger på den danske grundlov med konge og rigsdag i København, det lokale politi i Svendborg, og sognefogeden på øen som den øverste myndighed. Det er meget vigtigt at fremhæve, at øen før katastrofen med sin hidtidige samfundsform er en del af en velfungerende social retsstat, hvis beboere er kendt for deres ærlighed og pålidelighed. Kriminalitet er så godt som ukendt på øen, og med social forsorg sørges der for hjælp til de svageste. Dette svarer også til det positive billede af Danmark, som Karin Michaëlis tegner i *Bibi*-bøgerne og andre steder. Med katastrofen bryder den hidtidige orden, både den politiske og økonomiske sammen, og beboerne må indrette sig på en nødsituation med selvforsyning og en ny politisk struktur. Romanen viser dette "eksperiment", der fører til et pengeløst, delvis før-industrielt selvforsynende "grønt" fællesskab med udstrakt genbrug, et fællesskab, hvor ejendomsretten ophæves, og de fælles producerede levnedmidler fordeles efter et for alle gældende lighedsprincip. De gamle privilegier fjernes og også privat opsparede levnedsmiddelforråd stilles til rådighed for fællesskabet. Dette synes nødvendigt, hvis alle skal overleve. Politisk afløses det indirekte demokrati af det direkte. Alle offentlige spørgsmål diskuteres på den gamle tingplads og afgøres ved afstemning med håndsoprækning. Har man vedtaget noget uigennemtænkt, kan det omgøres den følgende søndag. De nye politiske forhold indføres ikke øjeblikkeligt og heller ikke uden protester og vanskeligheder, de demonstreres og praktiseres først eksemplarisk af øens børn og unge som alter-

nativ til den gamle ordens afmagt og splid. Til sidst indser alle det fornuftige i den nye orden.

Over for hinanden står i romanen de to traditionelle samfundsopfattelser, på den ene side Macchiavellis og Hobbes pessimistiske grundholdning (som f.eks. ses i Goldings "Fluernes herre"), der tager sit udgangspunkt i mennesket som slet og egoistisk og – på den anden side en optimistisk solidarisk samfundsopfattelse, der bygger på Rousseaus tro på det gode i mennesket, som blev fordærvet med ejendomsretten, da det første menneske indhegnede sin mark og satte et gærde rundt om den. Netop denne kendte formulering citeres i romanen. Ifølge denne sidste opfattelse er mennesket perfektibelt og tilgængeligt for argumenter, hvis det kommer under den rette indflydelse af mennesker med den gode vilje, som i romanens slutning af f.eks. børn og moderlige kvinder. Heroverfor står ingeniøren, Torbens far, en central voksen mandlig figur i romanen, der ser pessimistisk på samfundsudviklingen. Udviklingen i romanen forløber i lang tid i negativ retning: der hamstres og enhver tænker på sig selv, selvtægt og tyveri griber om sig. Men i sidste ende er det – optimistisk – to moderlige kvinders etik: jordemoderens og Torbens mors gode viljer, der via børnene vender udviklingen til en lykkelig og solidarisk løsning.

Romanen er også en slags robinsonade og tematiserer dette eksplicit. I en samtale få dage efter katastrofen diskuterer Torben og hans far situationen, og de to grundholdninger expliciteres tydeligt. Sønnen sammenligner optimistisk situationen med Robinson Crusoes, idet han mener, at befolkningen på øen har det meget lettere end Robinson havde, som jo slet ingen ting besad, før han fandt på det altsammen selv, medens de på øen har elektricitet, maskiner og belysning. Men faderen ser anderledes skeptisk på situationen og menneskene. Robinsons situation var meget lettere, fordi han var herre på sin egen ø, skrev sine egne love og kun havde Fredag, der var en slavesjæl, der gjorde alt, hvad han blev sat til. På øen er der derimod 1600 mennesker, der alle vil hale i hver sin retning. Ja faderen forudsiger med næsten schopenhauersk pessimisme ligefrem en borgerkrigslignende situation på øen:

"– Ja, idag og imorgen varer Freden, hvis man kan kalde det Fred, at de ligger hinanden i Haarene under alle Møderne. Men snart gaar det løs, selvom vi hverken har Soldater eller Maskingeværer.
– Du mener ...Borgerkrig, Far? – Netop [...] Vent blot, her bliver ikke godt at være." (s. 79-80)[76]

Faderen mener derfor, at løsningen vil være "en stærk hånd", en "rangsperson med guldtresse om huen", som alle vil bøje sig for. En sådan traditionel politisk løsning forsøges med valget af en "konsul". Men det mislykkes, først fordi man ikke kan blive enig, og siden fordi ingen vil respektere den valgte.

Torbens idé, som præsten fremfører i sin opsang, at bygge skibet på værftet færdigt og sende det af sted på ekspedition, gennemføres ganske vist af de voksne i en kortvarig følelse af fælles ansvar (i øvrigt med den pression, at hvis de voksne ikke kan blive enige, vil børnene gennemføre det), men det fører ikke til en afslutning på stridighederne. Allerede inden afrejsen kræver de velhavende, der af indlysende grunde har givet mest til skibets udrustning, at få den eventuelle gevinst af dets togt. Men kaptajn Gorm belærer alle om, at skibet tilhører alle på øen, og at en mulig gevinst skal deles i 1600 lige store dele. På trods af præstationen i fællesskab at have færdiggjort og udrustet skibet, tænker de tilbageblevne voksne stadig i de gamle baner og er ikke i stand til at løse problemerne i nødsituationen. Egoismen ser ud til at være den stærkeste drivkraft.

Den egentlige vending gennemføres af øens børn i samarbejde med jordemoderen. Torben ønsker, at børnene skal vise de voksne, at de er i stand til at sørge for sig selv og endda også for de voksne, hvis det skal være. Skolebøgerne lægges til side og en række praktiske projekter sættes i gang og gennemføres med stor flid og iver af børnene – opgaver som de voksne burde have taget initiativet til: den allerede nævnte indsamling af byggematerialer og levnedsmidler, svampe, frugt, korn, fisk og agern, bog og urter til kaffe og te. De unge bygger også ovne til at tørre frugt og grøntsager samt til at brænde lertøj i, som er nødvendig til opbevaring af de store forråd af fødemidler, som præpareres, koges, syltes, tørres, så de kan holde sig. Målet at forberede og realisere muligheden for alles overlevelse den kommende vinter virkeliggøres af børnene, der er mere ansvarlige end de voksne. Gennemførelsen af en stort set ikke-animalsk, vegetarisk levevis uden kød og smør, udgår ligeledes fra børnene. Da der ikke er nok korn på øen til både at lave brød af og fodre husdyr med, må brød have den højeste prioritet. At det kan lade sig gøre at leve selvforsynende og vegetarisk, har både jordemoderen og tallerkenkunstneren og hans kone afprøvet i lang tid.

Da dannelsen af et nyt sogneråd, timandsrådet, ikke fører til handling, men kun fortsat strid, grundlægger Torben og kammeraterne politisk en republik (en børnerepublik) med møder hver uge på den gamle tingplads ved Rolf-Krake-stenen. Alt afgøres ved direkte demokrati. De voksne lader sig efterhånden overbevise om det fornuftige i det nye system. Man bliver hurtigt enig om, at hamstring, at holde hunde i lænke og ligeledes at brænde snaps skal være forbudt. Og rederen, der i fuldskab har pryglet sin kone, straffes ved, at al hans hjemmebrændte snaps hældes ud. Mølleren, der mishandler sin hund, straffes ved en hel dag at sættes i lænke ligesom sin hund.

Da det efter katastrofen ikke er muligt at løse de sociale problemer, erkender jordemoderen tidligt, at løsningen består i en ophævelse af ejendomsretten. Hun siger til Torben og Malen. "Der kommer først Orden i Tingene, naar der ikke mere er noget, der hedder mit og dit! [...] Jeg mener, hverken mer eller mindre, end at den snavs Ejendomsret ligefrem bliver afskaffet. Saadan, at hvad der tilhører den ene, ligesaagodt tilhører den anden [...] ellers gaar vi allesammen i Hundene."(s. 130) Og hun gentager i kapitel 18, hvor ejendomsretten debatteres, over for Torben: "Jeg har sagt det før, og jeg siger det igen, her bliver ikke til at være, inden Ejendomsretten bliver afskaffet." (s. 190). Dette 18. kapitel har som overskrift i den tyske udgave: "Torben muß viel reden"(tilsvarende i den hollandske udgave); i den italienske udgave mangler dette kapitel fuldstændig (var det uforeneligt med fascismen i Italien?), medens overskriften på kapitlet i den danske udgave er mere direkte: "Ejendomsretten afskaffes". (s.187) Torben forsøger først pædagogisk at overbevise Malen, og i hans fremstilling indgår også Rousseaus utopi om et samfund, hvor alle lever i samdrægtighed som i én stor familie:

"Nu bor vi paa den grønne Ø. En har Korn, en anden har Mølle og kan male Kornet. En kan lave Sko, en sy Klæder, en kan smede, en kan dreje, en kan lave Rundholter, en anden grave Brønd. Vi kan ikke købe en Brønd for et Par Sko, hvis Brøndgraveren ikke har Brug for Sko. Brøndgraveren kan ikke gaa rundt og sælge Brønde, hvis Folk ikke netop staar og mangler en Brønd. Men vi har allesammen Brug for hinanden. Vi maa da meget hellere lade, som om vi er én stor Familie og saa sørge for, at der bliver noget til os allesammen." "Paa den Manér" [svarer Malen] "skulde vi vel lave Maden i en vældig stor Grukedel og allesammen spise det samme?" "Saadan omtrent, ja! Dengang Verden blev skabt, havde Adam og Eva vel ogsaa alting i Fællesskab og gik vist ikke og satte Rækværk om deres Have eller Hegn om deres Mark!"

Malen svarer, at det nok gik, da de var alene, men allerede med Kain og Abel opstod der strid, så det var et dårligt eksempel (s. 191-92).

Gårdejerne og den rige reder er naturligvis imod, men da de kun er få, nedstemmes de af flertallet, og de har jo ingen fysiske magtmidler som våben eller lignende. De indser først nødvendigheden og deres afhængighed af fællesskabet, da der lægges konkret pres på dem dels i form af en afbrydelse af strømmen og dels i form af en arbejdsnedlæggelse ("en generalstrejke" gennemført af samtlige karle og piger) – samt ved truslen om udstødelse af fællesskabet. Men ophævelsen af ejendomsretten gennemføres dog ikke radikalt. Folk skal ikke forlade deres gårde, huse eller bohave, men fællesdrift er nødvendig, "alting gaar ligesom i en stor Madpotte, som føder os allesammen" (s. 195). "...herefter er der ikke noget, der hedder, at den ene mæsker sig paa den andens Bekostning. Har vi Korn nok, faar vi allesammen Brød og Gryn til Grød, har vi ikke nok, nøjes vi med Kartofler, til vi kommer igang med at drive Jorden, saa den giver tilstrækkeligt af hver Slags." Alle har 12 timer dagligt til disposition som "betalingsmiddel" til at skaffe sig føde, klæder og varme samt tag over hovedet. De gamle og de svage skal betale på en anden måde med deres erfaring og viden.

Efter alles yderste indsats for at afværge den næste katastrofe, der ville have ramt dem alle, er egoismen endelig veget for fællesskabsfølelesen, alle er hjælpsomme og omgængelige. Konerne bruger al deres opfindsomhed på at lave "liflig mad" af, hvad de har. Og dagens spiseseddel, der gælder for hele øen, bliver opslået på kirkedøren:

> "Stod der "Løgsauce og Kartofler", duftede der af Løg i hvert Køkken, og Mændene gravede Kartofler op og skurede dem under Pumpen. Stod der "Høne i Gryden", sad ikke blot Mølleren og Martin og den slags og gassede sig med at pille hvidt Kød af Brystet, men ogsaa de Gamle paa Alderdomshjemmet, og stod der "Tørfisk", entrede Drengene opad Telegrafstængerne og hentede saa mange Torsk, Skrupper, Sild og Rødspætter, som skulde til for at mætte alle Munde". (s. 216).

Elektricitetsforsyningen løses med vandfaldet og små vindmøller, som ingeniøren konstruerer. Børnene bygger en stald af sten, som de har fisket op af vandet og tætner med fint ler, og de konstruerer en slags slæder til at transportere træ fra skoven med. Torben overvejer også en *ny straffelov*. Der skal ikke være noget fængsel, kun en psykologisk straf, der består i, at man skal male et skygge-omrids af forbryderen på vejen. Ingen må betræde skyggen, som først udviskes langsomt af vind og vejr.

Den nye politiske og økonomiske struktur, der udfoldes i romanen, synes i høj grad at være i overensstemmelse med anarkismens ideer, som Karin Michaëlis kendte dem fra sine venner Emma Goldman og Alexander Berkman. De statslige centralistiske strukturer med en hierarkisk repræsentativ parlamentarisk styreform afløses af en flad decentraliseret struktur, hvis bærende princip er den direkte demokratiske form med folkeafstemninger. Ejendomsretten er (i et vist omfang) elimineret og lighedsprincippet (med hensyn til bl.a. mad) er fremherskende, ligesom tilliden til det gode i mennesket og til menneskets perfektibilitet er i overensstemmelse med grundforestillinger i anarkismen. Det er vigtigt at betone, at det er et lille fællesskab på landet, der bygges op. Er det en skjult hyldest til Emma Goldman, at den åndelige skaber af den fredelige revolution i romanen er en jordemoder – ligesom Emma Goldman var det?

Jordemoderen i romanen er også en moder-jord-skikkelse. Emma Goldmans tidsskrift hed *Mother Earth*, og jordemoderen ligner ikke kun Karin Michaëlis på tegningerne, men har også træk tilfælles med Emma Goldman med bl.a. hendes hornbriller. Pogromerne, som jordemoderen fortæller om (se nedenfor), bygger muligvis på skildringerne i Emma Goldmans erindringer *"Living my Life"* i kapitlet om afskeden med Kropotkin. I en kronik i *Politiken* om Emma Goldman fra den 10. februar 1932 skildrer Karin Michaëlis Emma Goldmans eksil i en lille villa i St. Tropez med en blomstrende have og udsigt over havet, hvor hun gæstfrit modtog sine venner fra overalt i verden, medens hun trak sig tilbage om aftenen og om natten for at skrive, en livsform, der også lignede Karin Michaëlis' egen på Thurø.

Flere situationer i bogen minder om nødsituationer, som Karin Michaëlis har oplevet under Første Verdenskrig i Wien. F.eks. minder løsningen med det samme daglige måltid for alle i romanen meget om Genia Schwarzwalds folkekøkken "Gemeinschaftsküche", omsat til den danske provins. Ideerne om at lave stof af brændenælder og samle tang til forskellige formål ligner mange af de nødforanstaltninger, Karin Michaëlis beskriver i sine bøger om Første Verdenskrig. Også en anden situation i begyndelsen af kapitel 13 synes at referere direkte til en efterkrigssituation i Wien. Karin Michaëlis havde sammen med boligborgmester Hugo Breitner i Wien besøgt Wienerwald og set, hvorledes de fattige wienere i laser og pjalter fældede træer og samlede brændet, bundet fast på ryggen, for at bære det hjem. Det skete, at nogle på grund af vægten faldt om på ryggen og ikke var i stand til at rejse sig, før nogle andre forbarmede sig over dem og hjalp dem på benene igen. Hun beskriver det udførligt i selvbiografien *Lys og Skygge*,[77] og det svarer til situationen, der beskrives i begyndelsen af kapitel 13, selvom nøden i romanen langt fra når omfanget af den i Wien.

Meget kunne altså tyde på, at romanen plæderer for en anarkistisk-socialistisk samfundsmodel, men slutningen er åben.

Religiøse og mytiske træk i romanen
Udover det utopiske synes der også at være anlagt et mytiskreligiøst perspektiv i romanen. Bag den udprægede realisme, som er beskrevet ovenfor, findes der et tydeligt symbolsk lag,

der referer til kendte myter og religiøse fortællinger, specielt fra Det gamle Testamente. Dette er stærkere udarbejdet i den danske udgave end i oversættelserne. Det bidrager til at give romanens handling en større almengyldighed, gøre den eksemplarisk. Vennen Hermann Schwarzwald spørger spøgefuldt i et brev fra den 20. september 1932 til Karin Michaëlis' arbejde på romanen: "Ist der Wunderknabe von Thurø, dem neuen Ararat schon fertig?" og antyder dermed en tydelig forbindelse til syndfloden og Noah.[78]

Naturkatastrofen opleves af øens indbyggere, der mirakuløst reddes, netop som en gentagelse af syndfloden og Noahs ark. Der bliver kun i den danske udgave henvist direkte til bjerget Ararat. I slutningen af romanen flyver pludselig alle øens duer vestpå. "Mon det betyder, at de kappes om at være den første til at komme tilbage med Oljeblad i Næbbet? Eller er det Rotterne, der forlader det synkende Skib?" tænker Torben (s. 226). De vender brusende tilbage i slutningen af romanen og bekræfter parallellen til Det gamle Testamente.

Indbyggerne tænker ved katastrofen også på dommedag, og Torben reflekterer flere gange over skabelses- og undergangsmyter, som man ligeledes kan tolke hele romanens forløb udfra. Ligeså nærliggende og central som beretningen om syndfloden og Noah fra Det gamle Testamente er også parallellerne til den bibelske Josef, (som i de samme år også beskæftigede Thomas Mann): I den tyske udgave har jordemoderen som ung drømt en katastrofe-drøm, som hun har drømt flere gange igen, *før* katastrofen indtraf på øen. Denne drøm har været anledningen til, at hun på egen hånd i årevis har samlet forråd af bl.a. syltetøj. Torben etablerer med hendes og børnenes hjælp opbygningen af forråd til det store fælles forrådskammer, der senere skal ernære alle øens indbyggere. Alt dette sker også i parallel til Josef, der tyder Faraos drømme og samler forråd i de syv fede år før de syv magre år i Ægypten. Alt sker naturligvis i lille målestok i romanen, når man sammenligner med verdensriget Ægypten. I den danske udgave knyttes forbindelsen tydeligt. Det siges, at det var svært at bygge forrådskammeret af store sten uden maskiner og stilladser, – "sligt kunde Slaverne i Ægypten, men den Kunst var nok gaaet i Graven med dem." (s. 176). Også andre fortællinger fra Det gamle Testamente, som må forudsættes bekendte for datidens børn og unge, nævnes, f.eks. Babelstårnet, Moses i kurven, Moses og de ti bud, Adam og Eva, Kain og Abel, striden mellem Jakob og Esau om velsignelsen.

Torben har foruden visse Josefs-træk også klart messianske træk. Redningen finder sted gennem en dreng. Ved lodtrækning bliver han øens leder, men de andre indbyggere håner og piner ham. I den danske udgave er *ecce-homo*-trækkene stærkt udarbejdede. Man pisker ham med brændenælder og sætter en krans af brændenælder på hans hoved, og han modtager lidelsen sagtmodigt uden modstand. Han bliver den reddende (men senere aktivistiske) skikkelse, der organiserer øens selvhjælp og nye samfundsorden, et fællesskab i kærlighed og lighed, hvor egoismen og den stærkes ret afskaffes.

Jordemoderen er også en næsten mytisk skikkelse. Hun ses af Torben som en Sibylle, der sidder over ilden og profeterer. Man kan også se hende som en moder-jord-skikkelse, en al-moder, en frugtbarhedsskikkelse, en Demeter. Alt omkring hende blomstrer og trives, hun er givende og gavmild. Hun har – som Demeter – mistet sin datter, men vender sin sorg over tabet til en frugtbar kærlighed til mennesker og dyr.

Man kan måske også se faustiske træk hos Torben. Det er i hvert fald påfaldende, at han har et stort projekt, der går ud på at indvinde havbund til opdyrkning (som i Goethes *Faust*), således at overlevelsesmulighederne i fremtiden vil blive bedre. Der er også et Philemon og Baucis-par, der altid sidder kærligt med hinanden i hånden. Det fortælles humoristisk om dem, at når den ene har tandpine og bliver hævet i kinden, får også den anden tandpine og hævelse, således at tandlægen ikke ved, hvem af de to, der er den syge, som han skal behandle.

Efter den fælles næsten overmenneskelige indsats for at afværge den nye truende katastrofe, oplever øens beboere som nævnt en euforisk, salig sindstilstand. En indre forvandling har fundet sted, og situationen ligner en religiøs paradisisk tilstand. Al fjendskab er væk, og de sociale skel er ophævet. Menneskene er hjælpsomme og lever i en stor forbrødring, i en tilstand af en "Fest større end Jul, Paaske og Pinse tilsammen" (s. 216). Det er næsten et pinse-under, eller er vi på "de saliges ø"? Denne kærligheds- og familievision til sidst negerer Torbens fars profeti om en alles kamp mod alle, hans "Vent blot, her bliver ikke godt at være" vendes i slutningen af romanen om. Man synes næsten at høre Peters ord til Jesus ved Forklarelsen på bjerget: "Mester, det er godt, at vi er her. Lad os bygge tre hytter." (Luk. 9,33).

Personer, miljø, stil og sprog
Romanens kunstneriske kraft ligger frem for alt i den levende tegning af miljøet og i det brogede galleri af personer, der udmærker sig ved deres individuelle mundtlige sprog, præget af dialekt, slang, dagligt sprog eller dannet sprog. Miljø- og figurtegningen er både kærlig-kritisk og satirisk. Torbens borgerlige miljø står i kontrast til Malens kunstner-bohemehjem. Torbens forældre lever et godt og harmonisk, men gammeldags borgerligt ægteskab, hvor konen passer husholdningen og sørger eksemplarisk for manden trods pengeknaphed. Hun bliver let rørt, sentimental i sin lille verden, som hun passer (selv på dagen for katastrofen tørrer hun støv af), og hun sørger for arbejdsro til manden, hvis faste vending er: lad mig være, jeg tænker. Men det er hende, der har bibragt sønnen den grundlæggende etiske humanisme. Faderen, der som tidligere nævnt er pessimist og misantrop, og som af samme grund ikke ønsker at blande sig i politik, forsøger til enhver tid at bevare den mandlige ro, men erkender en vis "blindhed" hos sig selv til sidst og siger til sin søn: "For heldigvis slægter du din Mor paa og er ikke som din Far, den trodsige, selvgode Taabe". (s. 214).

Det andet ægteskab, vi får indblik i, er Malens forældres. Også her lever forældrene i et godt ægteskab. Dette kunstnerpar med fem børn lever dog i den største uorden, men ægtefolkene er ligeglade med omverdenens opfattelse af dem, "de var jo saa forlibt i hinanden som Rotter i gammel Ost" (s. 26). Konen bekymrer sig ikke det ringeste om husholdningen, men læser romaner hele dagen lang. Den ældste datter Malen har overtaget moderens rolle i familien og sørger for både søskende og forældre. Maler Lund kommer egentlig fra en naboø, men har slået sig ned i en forfalden bindingsværksgård med jord som en husmandslod. Ikke desto mindre kalder han sig "godsejer" og gør sig til grin på øen også med sine skøre projekter, som f.eks. består i et ønske om at avle meget fine langhårede kaniner med særlig mulighed for udvinding af uld. Men han passer dem ikke, som det kræves, køber så andre kostbare blå kaniner, og kort efter parrer de sig på kryds og tværs, og hele investeringen på tretusinde kroner er spildt. Han har ligeledes forgæves forsøgt sig med opdræt af præmie-duer, som alle er fløjet væk. Han interesserer sig ligesom ingeniøren også for moderne teknik. Han har en kostbar radio, som han skiller ad og ikke kan sætte sammen igen. Eller da hans kone så godt kan lide rødt, gøder han marken og dyrker valmuer. Hans sidste idé er, efter at han har solgt familiens ko, at starte en mariehøne-avl, som skal erstatte brugen af sprøjtemidler til frugttræerne. Konen er begejstret; for fortjenesten vil hele familien tage på en verdensrejse. Det er ganske som i H. C. Andersens "Hvad fatter gør, det er altid det rigtige". Overalt hænger maler Lunds malerier af familien, konen og børnene i forskellige daglige situationer. Ingen på øen vil have social omgang med familien. Der er snavset hos dem, de bruger *hele* huset og lader ikke som alle andre dagligstuen stå til stads. De lukker endda fugle ind, så der er fugleklatter overalt, hvor man vil sætte sig. Det er en meget livsglad og ukonventionel kunstnerfamilie, der sætter de andre borgerlige miljøer i relief.

Det er i øvrigt bemærkelsesværdigt, at de to ansvarsbevidste og handlekraftige børneskikkelser, Torben og Malen, der er centrale i realiseringen af en alternativ samfundsform, begge vokser op hos forældre i ubrudte gode ægteskaber, i modsætning til grundsituationen i mange af Karin Michaëlis' andre værker med vitale børneskikkelser f.eks. Lotte Ligeglad og hendes søskende, der bor alene med deres mor ligesom Velsigne og hendes fem sønner, eller Bibi, der bor alene med sin far.

Det tredie ægtepar, der skildres i ekspositionen, er øens rigeste ægtepar, kaldet "kongen" og "kongeline", der er fuldstændig groteske i deres gerrighed. De under ikke sig selv noget, hverken kaffe eller te, men de tigger om brugte teblade og kaffegrums hos naboerne. Deres gård er bygget af skibsvragrester fra stranden, så alt er vindt og skævt. De har gammelt sammenflikket tøj på med forskellige knapper, som de finder tilfældigt. Manden har tjent godt under Første Verdenskrig ved at sælge et elendigt vrag af et skib til Tyskland og ved at købe skibsandele af skibe, der sejlede gennem krigszonerne. Konen tømmer latriner for folk, men i stedet for at kaste indholdet på møddingen bærer hun det hele hjem og gøder sin egen jord dermed. Derfor har hun de største kålhoveder og bønner på øen; men ægteparret hykler og jamrer over, hvor vanskeligt de har det økonomisk. Man fortæller ironisk på øen, at de sætter sig i mørket om vinteren i stalden på hver side af koen for at spare varme og lys, ligesom det også siges, at de kun lukker det ene øje om natten for at spare på det andet.

Med stor sympati skildres den gamle husmand Severin, der som forhenværende sømand har sejlet på alle verdenshavene, og som gerne på klingende jysk fortæller om sine eventyrlige oplevelser ude i verden, ligesom han selv med stor fornøjelse lytter til Torbens gentagne beretninger fra Sibirien og Mongoliet, som han allerede har hørt før.

Andre bifigurer er den rige reder Martin "Lukretia", der i modsætning til "kongen" ikke skjuler sin rigdom, men altid er elegant med hat og stok og guld-urkæde. Han anser sig selv for øens vigtigste mand i kraft af sin rigdom, og han og andre velstillede gårdmænd opfører sig arrogant over for de andre indbyggere, ikke mindst over for den sagtmodige øvrighedsperson sognefogeden. Øens sympatiske præst har trods sin ungdom stor myndighed, medens overlæreren er latterlig indbildsk. En respektindgydende personlighed, en mandlig modfigur til jordemoderen, er kaptajn Gorm, der skal lede skibsekspeditionen. Han har tre gange lidt skibbrud, men er altid selv gået fra borde som den sidste, efter at alle, også dyrene, var reddet. Han kan sætte både rederne og de store gårdejere på plads. Hans sprog er kraftigt, djærvt og farvet af sømandsudtryk.

For sig selv står artisten "Tallerkenslåistykkermanden" og hans kone, der repræsenterer den romantiske kærlighed, som er skildret med poesi og sarthed.

Ud over dette store galleri af personer fra forskellige sociale lag spiller børnene en central rolle i bogen, først og fremmest Torben og Malen, der begge har en høj etik samt vilje og kraft til at handle. Deres søskende og kammerater lever i begyndelsen et sorgløst ansvarsfrit, uafhængigt liv. Efter katastrofen flygter de oftest hjemmefra, hvor der kun er strid og kævl, og lever et frit egoistisk liv i skoven og ved stranden. De er djærve og saloppe, men de vindes hurtigt for Torbens ideer, og under hans ledelse bliver de meget ivrige og effektive deltagere i opbygningen af forråd og materialer og dermed i etableringen af det nye samfund. Deres sprog er ukonventionelt og ofte præget af slang og kraftudtryk, der har bevaret en overraskende friskhed også i dag.

For alle personerne, voksne såvel som børn, gælder det, at de gennemløber en udvikling og indre forvandling til loyalitet over for fællesskabet.

Jordemoderen og hendes rolle i romanen
En ganske særlig rolle i romanen spiller jordemoderen som åndelig ophavskvinde til "den fredelige revolution". Hun er Torbens gode veninde og rådgiver. Det er fra hende de afgørende ideer til et alternativt fællesskab udgår. I slutningen af ekspositionen i kapitel 4 "Syltesørines Hemmelighed", indføres hun i romanen. Allerede det at træde ind i hendes univers er eventyrligt. Hendes have er ualmindelig frodig og smuk. Den er fuld af blomster og frugter, der hænger tungt ned fra grenene og formelig slæber hen ad jorden. Hendes jordmoder*hytte* – som det hedder med idyllens terminologi – er tornroseagtigt gemt bag en høj tjørnehæk. Torben må skubbe frugtgrene til side for at komme ind.

Det eventyrlige fortsætter i beskrivelsen af huset, der er overgroet med slyng af kirsebær, ferskner, figner, blåregn og kapri-

Tegning af Hedvig Collin af Syltesørines hus og have i *Den grønne Ø*.

Syltesørine i *Den grønne Ø*, tegnet af Hedvig Collin.

folier. På stråtaget er anlagt en hængende have med lange smalle terrasser, fastholdt med ståltråd og brædder. Der er et væld af sommerblomster langs tagrenden, bede af grøntsager og højest oppe immerbær (en slags jordbær). Den trinde jordemoder kan ved hjælp af "ståsteder" komme frem oppe på taget og vande og luge til højre og venstre. Jordemoderen bliver fra starten forbundet med en usædvanlig frodighed og naturrigdom, der passer symbolsk godt til hendes erhverv. En lignende evne til at få alt til at gro havde "kongen" og hans kone ved hjælp af øens latriner. Hos jordemoderen er alt dog æstetisk smukt. Og i stedet for i gerrighed at fastholde alt, giver hun rundhåndet væk. Hun bruger ikke meget på sig selv, men lever vegetarisk af sin have og naturens frugter. Hun giver ved hver fødsel som "velkomstgave" en trillebør fuld af syltetøj til hvert nyfødt barn. Hun er øens "kloge kone" med forstand på medicinsk brug af urter, og hun tilkaldes, når lægen ikke kan sejles over til øen. Hun har en "trolddomsbog" på tysk fra 1697, hvori hun studerer de midler, kloge folk har afprøvet i århundreder. Hun har midler i glas mod mange onder, til tilfælde af forbrændinger, hvepsestik, hugormebid eller bændelorm. Under bjælkerne hænger overalt poser med tørrede blade og urter. Under en difteritis-epidemi døde hendes lille datter, og livet forekom hende derefter meningsløst. Men hun forvandlede sin smerte til kærlighed og er siden som en mor for alle børn, der er kommet noget til. Men én ting er forblevet gådefuldt for øens indbyggere, nemlig hendes syltemani. Uafladeligt sylter og henkoger hun frugt og grøntsager, og uafladeligt køber hun dusinvis af syltetøjsglas. Hvorfor? I beskrivelsen af hendes lager hedder det:

> "Nede i Stuen stod nok Krukker og Glas paa Hylder alle Vid og Vegne, i tre Lag i Vinduet, saa man kun fik Lys ind gennem Æbler, Pærer og Blommer, men oppe paa Loftet var der Glas som til mange Regimenter. De stod ovenpaa hinanden lænet op mod Husgavlen, et Lag over et andet, helt op under Sparreværket til Rygningen af Huset under Immerbærrene. Paa den modsatte Gavl stod saa Grøntsagerne i deres Glas. Og hele Vejen over Gulvet, Glas ved Glas, Glas ved Glas" (s.43).

Torben og Malen på besøg hos Syltesørine i hendes hus med de mange syltetøjsglas, tegnet af Hedvig Collin til *Den grønne Ø*.

Torben udbryder ved synet: "Jøsses! du har da snart over Tusind Glas", hun svarer ikke, men da han går, siger hun: "Bi lidt Torben. Skulde det hænds, du hører, jeg er tjenlig til at komme i Jorden, saa skynd dig om til mig! Der er en lille Ting, jeg nok vil have hvisket dig i Øret. En Slags Testamente, som man kalder det. For dig kan man jo stole paa. Du lover ikke et og holder et andet." Folk på øen kalder hende ikke ved hendes rigtige navn Frederikke Peddersen, men ved øgenavnet "Syltesørine". Hun bruger kun lidt af sit lager til sig selv, idet hun blot smører et tyndt lag honning på brødet i stedet for smør og pålæg. Jordemoderen får, som tidligere nævnt, stor betydning for løsningen af øens problemer efter katastrofen. Hun foreslår som feminist, at også kvinderne skal deltage i lodtrækningen af "konsulen". Hun viser i kapitel 11 Torben og Malen, hvordan man af brændenælder dels kan lave den dejligste "spinat" og dels udmærket materiale til vævning af stof, som hun har produceret. Hun har også lavet et tæppe af flettet siv. Det er alt sammen noget, hun har lært under Første Verdenskrig, fortæller hun. Efter katastrofen er det jordemoderen, der over for Torben foreslår, at det halvfærdige skib på værftet skal bygges færdigt, at man skal samle forråd af svampe og frugt, tørv og tang, og ligeledes at man skal bygge ovne og brænde lerpotter og lerkar til forrådene. Og det er hende, der er den egentlige organisator af arbejdet med at opbygge forrådene, ligesom det som nævnt er hende, der mener, at det er nødvendigt med fælles økonomi, hvis alle skal overleve.

Jordemoderens forhistorie i de forskellige versioner
I kapitel 11 i den tyske udgave med overskriften "Brennesseln" giver jordemoderen Torben og Malen en forklaring på sin mærkelige syltemani. Da børnene spørger hende, hvad hun skal med de utallige sylteglas, som hun vel umuligt selv kan tømme, om hun så blev 100 år, svarer hun, at hun naturligvis ikke havde kunnet forudse naturkatastrofen, der nu havde ramt øen, men at hun som ung kvinde i Hamborg havde haft en frygtelig drøm. Hun drømte, at en kæmpe brand brød ud i storbyen, som hun den gang levede i, og at kun dét hus, hun boede i, var tilbage. Alt omkring hende var nedbrændt og dannede et frygteligt ruinlandskab. De eneste overlevende i huset var fortvivlede, jamre-

de og græd, og børnene skreg af sult. "Sie schrien so fürchterlich, daß es mir heute noch in den Ohren gellt. Ich glaubte es nicht mehr aushalten zu können, ich preßte die Hände an die Ohren, ich schrie selbst – da erwachte ich..." hedder det i den tyske udgave fra 1932-33, s. 143-44.[79] Hun havde aldrig siden glemt denne drøm, fortæller hun videre, og rædselen var dukket op i nye drømme, også efter at hun havde slået sig ned på øen som jordemoder, hvor drømmen flere gange gentog sig. Og hun siger videre:

> "Ja, und eines Tages verfiel ich auf den Gedanken – ich weiß nicht mehr, wie –, unsere Insel mit den paar Menschen drauf sei eigentlich wie jenes Haus in der Stadt, und es könne ihr einmal etwas Ähnliches passieren... Das übrige müßt ihr euch selber denken. Ich bilde mir nichts darauf ein, daß es so aussieht, als ob ich im Traum etwas vorausgeahnt hätte. Und vielleicht ist ja alles auch nur Zufall. Seither ... nun ihr wißt es ja. Um Brot und Fleisch und Milch konnte ich mich nicht kümmern; das kann man ja nicht so einmachen. Aber das, was ich verstand, habe ich getan" (s. 144).

Altså brød, kød og mælk kan ikke "syltes" og konserveres, men det kan frugt. Denne drøm er uden tvivl central og peger hen på en fortolkning af romanens hovedtanke. Naturkatastrofen, der fører til, at verden forsvinder med undtagelse af den grønne ø, er billede på en stor katastrofe, der kunne ramme Europa eller verden, og øen kunne blive et sidste tilflugtssted, hvor det derfor er vigtigt forudseende at samle forråd. Den ovenfor omtalte reference til Josefskikkelsen i Det gamle Testamente ligger lige for. På denne måde kan den trykte tyske oversættelse fra 1932-33 læses.

Men det perspektiv, som den tyske forlægger Stuffer har undertrykt ved på egen hånd at fjerne afsnit fra bogen, er katastrofedrømmens og syltemaniens indlejring i en jødisk sammenhæng, hvorved den kommende ulykke frem for alt af Karin Michaëlis tænkes at kunne ramme de europæiske jøder. Ved en sammenligning med den italienske og hollandske udgave og delvis med den danske, kan man rekonstruere, hvad hun oprindeligt har skrevet i 1932.

97

På det ovenfor citerede sted, hvor jordemoderen beretter, at hun vågner med et skrig af sin drøm, fortæller hun videre, at hun som ung gravid kvinde var kommet til Hamborg med sin forlovede, en sømand. Da han imidlertid omkom på havet og hun ingen penge havde, fandt hun arbejde hos en fattig jødisk familie med mange børn, som boede i en kælder i en stor lejekaserne, og som havde brug for én til at passe deres børn. Den jødiske mand hed Schalom Jumaisohn, og mareridtet havde hun drømt, da hun boede hos hans familie. Om denne familie fortæller hun videre (også i den danske version) til Torben og Malen, at hun aldrig havde kendt bedre mennesker. Selvom de ikke selv havde meget, gik ingen, hverken kristen eller jøde, sulten fra dem. En gang skete det, at en tigger faldt ned af trappen og brækkede ryggen. Han bad indtrængende om ikke at blive bragt på hospitalet. Familien plejede ham, manden gav ham endda sin egen seng, men den syge levede kun en uge. Inden han døde, gav han Schalom Jumaisohn en pung med penge til begravelsen, resten kunne familien beholde. Pungen indeholdt 1500 Mark, en kæmpesum for ægteparret. De diskuterede efter begravelsen, hvad de skulle bruge pengene til, til en bedre bolig, til nye senge til børnene eller til disses senere uddannelse? Under deres diskussion sidder Frederikke og tænker på det barn, hun snart skal føde, og hvad der skal blive af hende. I den danske udgave hedder det videre i overensstemmelse med den italienske og hollandske (men bortcensureret i den tyske udgave) i en påfaldende stil med mange gentagelser, der falder uden for stilen i øvrigt i romanen, og som uden tvivl imiterer en jiddisch fortællestil:

> "Nu græder Frederikke igen, siger Schalom. – Ja, nu græder Frederikke igen, svarer Konen. – Frederikke har ikke noget større Ønske end at komme til København og lære til Jordemor – men det koster Penge! Hvad siger du Kone? – Jeg siger, som min Mand: det koster Penge! – Og Frederikke har ingen! – Nej, Frederikke har ingen! – Men Schalom og hans Kone, de har faaet en Arv på femtenhundrede Mark! – Ja, Schalom og hans Kone, de har faaet en Arv paa femtenhundrede Mark! – Synes du som din Mand? – Jeg synes som min Mand! – Hører du Frederikke, hun synes som hendes Mand! Ja, saa er Pengene dine!

– Det var vel nok pænt af dem!!! – Det var mer end pænt! Du maa vide Malen, Jøderne sætter stor Pris paa Penge. Mangen Gang har de købt sig Lov at leve mellem andre Mennesker for Penge. Den fattige Jøde er fredløs her paa Jorden [...]" (s. 127 i den danske udg., s. 193-94 i den italienske, s. 199-200 i den hollandske og s. 127-128 i den tjekkiske udg.)

Jordemoderen fortæller videre, at hun kun tog imod pengene, fordi hun tænkte på sit barn. Siden blev hun jordemoder og slog sig ned på øen. Hun sparede sammen for at give pengene tilbage, men det varede mange år. Da hun senere tog til Hamborg for at aflevere pengene, var huset, hvor Jumaisohns boede, revet ned, koleraen havde hærget i det gamle jødekvarter (historisk var det i 1892). Hun gjorde alt i otte dage for at finde familien, men forgæves. Hun tog tilbage og indbetalte pengene i banken til Jumaisohns – men nu efter "syndflodskatastrofen" var det vel alt sammen forgæves.

I den danske version, som jo først blev færdigskrevet efter Hitlers magovertagelse, er afsnittene om jordemoderens fortid den vigtigste ændring. Ganske vist er den oprindelige centrale brandkatastrofe-drøm fra 1. version udeladt, men det er sikkert fordi dette kapitel med forhistorien ellers ville blive for omfattende.

Den første lille udvidelse i forhistorien omkring jordemoderen er af kvindeemancipatorisk art, hvor det i 4. kapitel humoristisk hedder, at hun akkurat var fyldt 17 år, da hun blev spået i kaffegrums, at "hun skulde komme til stor ære, faa sit eget Hus at bo i og blive saa anset, at baade Præst og Læge hilste først paa hende." Hun spekulerede, at det kun kunne ske, hvis hun blev jordemoder.

> "Men Jordemor kunde kun den blive, der havde et Barn. Altsaa skyndte Frederikke sig at faa begyndt paa et Barn. En Ven havde hun, for det maa der til. Ham fulgte hun til Hamburg, og naar han paa de store Have havde tjent Penge nok skulde de giftes, og Frederikke ind paa Stiftelsen for at studere til Jordemor." (s. 38)

Hun arbejdede hos den jødiske familie, fik sit barn dér og hørte dér, at vennen var gået ned med skibet. Så lærte hun jordemoderhåndværket og var heldig af få embede på den grønne ø med: "Fribolig, Pension og Skilt." Men øboerne så ned på hende, fordi hun havde et barn uden at være gift. Til Torben og Malen siger hun herom i 11. kapitel:

> "Jeg har jo aldrig været, hvad man kalder rigtig gift. Kanske har I hørt, hvordan jeg selv satte Ring paa min Finger, Giftekrans paa mit Hoved og lod Præsten lyse Velsignelse over mig og mit Barn! Dengang mente jeg, at det var en Skam at sidde med Barn uden at have sig en Mand.... Men siden de graa Haar kom frem, ser jeg nu anderledes paa den Ting. Jeg har fundet ud af, at ingenting er saa stort og stolt som at føde sit eget Barn til Verden, enten man har en Mand eller ej." (s. 123).

Den anden udvidelse i jordemoderens forhistorie har at gøre med den jødiske familie Jumaisohn, der tog hende til sig som ung kvinde. Hun forklarer Torben og Malen, at familien stammede fra Ukraine:

> "Schalom og hans Kone, de havde oplevet en Pogrom. Det er det værste, der kan hænde et Menneske [...] Det er en Slags Krig for sig. Hvor den ene Part er bevæbnet, og den anden bliver slagtet og myrdet [...] Schalom og hans Kone maatte se paa, at deres Far og Mor og deres hele Slægt blev myrdet. At smaa Børn blev spiddet paa Bajonetter, smidt op i Luften og faldt ned med knust Hoved. At Kvinder med Barn under Hjerte blev flænget op, og Barnet revet ud af de blødende Indvolde, endnu før Moderen drog sit sidste Suk. De maatte se paa, at deres Landsby blev stukket i Brand Hus for Hus, og hver den, der prøvede at redde sig ud, blev sparket ind i Flammerne igen [...]
> Syltesørine holdt Hænderne for sine Øjne: – Og det var Mennesker, der gjorde det. Mennesker, som kaldte sig Kristne...! [...] De Kristne mente, de gjorde en Gud velbehagelig Gerning ved at udrydde Jøderne". (s.124)

Familien Jumaisohn, fortæller jordemoderen videre, var blandt de få, der undslap og til fods kom til Hamborg, hvor de havde fattige slægtninge, som hjalp dem i begyndelsen. De gik fra dør til dør og solgte bånd og knapper, indtil de kunne købe en lille kælderhandel. Og hun tilføjer "Nok staar der i det gamle Testamente, der er skrevet af Jøder, at man skal gengælde ondt med ondt. Schalom og hans Kone gjorde det aldrig." Og hun fortsætter med beretningen om den rige tigger, der fandt husly hos dem, at ægteparret gav hende pengene, og at hun forgæves tog til Hamborg for at betale dem pengene tilbage. Medens hun ulykkelig løb rundt i Hamborgs gader for at finde familien, så hun pludselig et mennesketog komme imod sig:

> "... et Tog saa langt, af lutter Jøder. Og det var med ét, som hørte jeg igen Schalom fortælle om Pogromen dernede i Ukraine. Jøderne, som kom imod mig, havde endnu Dødens Angst i deres Øjne. Klædt i Laser var de, og naar Vinden blæste de gamle Mænds Kaftaner tilside, saa man deres nøgne udtærede Lemmer [...] Mange af Konerne havde deres spæde Barn ved Brystet. Men der var ingen Mælk, og Børnene hang med Hovedet som visne Blomster [...] Somtid har jeg ønsket, jeg kunde græde mine Øjne ud for at slippe det Syn. Jeg ser det for mig, saa længe jeg lever [...] De var rømt fra deres Land for at undgaa nye Pogromer [...] Man fortalte mig saa, at de fattige Jøder i Hamburg havde skillinget sammen, saa de Flygtende akkurat havde til Overfarten til Amerika. Men heller ikke mer. Nu flakkede de om og ventede paa Skibet." (s. 128)

En lignende skildring af ukrainske jødiske flygtninge i Hamborg findes næsten ordret i bd. 3 af *Træet paa Godt og Ondt*, hvor den unge Gunhild oplever det samme, men meget mere detaljeret beskrevet.[80]

Jordemoderen gav pengene til flygtningene i forvisning om, at Schalom og hans kone havde gjort det samme, hvis hun havde lagt pengene i deres hånd. Og hun fortsætter:

"Ja saa rejste jeg hjem til Øen her, og igen gik der mange Aar. En Dag ser jeg i Avisen, at Jøderne ikke blot jages og forfølges nede i Ukraine og Polen, men her i Nærheden af os, i Tyskland, der hvor de før havde deres bedste Fristed. Avisen skrev, at kristne Studenter inde paa selve Universitetet overfaldt de fattige jødiske Studenter, ogsaa de kvindelige jødiske Studenter, slog dem og spyttede dem i Ansigtet. Det skrev Avisen. Men for mine Øren lød det igen og igen: -Hører du Frederikke, hun synes som hendes Mand, og nu er Pengene dine!

Saa tænkte jeg frem og tænkte tilbage. Kanske oprinder ogsaa den Dag, hvor man jager dem ud fra Tyskland! Hvor skal de saa gaa hen? Amerika vil ikke have flere Fattigfolk ind, hvad skal de gøre? Saadan tænkte jeg – for det var jo inden ... den Nat... Og jeg sagde til mig selv: Et Sted skal de være velkommen. Er Hytten her kuns ringe og snever, her skal de føle det, jeg følte, da Schalom sagde: Pengene er dine! Og fra den Dag begyndte jeg ligesaa stille at gemme hen af Træernes Frugter og Havens Grøntsager. Derfor tørrede jeg Urter og hang op i Poser. Jeg ventede jo paa engang at kunne gøre Gengæld for det, Schalom og hans Kone gjorde mod mig... Nu gøres det jo ikke nødig mer.... Nu har alle Jordens fredløse Jøder faaet Fred. Nu har de fundet Vejen hjem... – Og nu kender I to Syltesørines lille Hemmelighed. Men hvem ved, kanske er det godt for noget, at jeg gik og spinked og spared med mine Krukker og Glas. Nu kan de komme til at gøre deres Nytte her paa Øen." (s. 129)

Jordemoderen som selvportræt af Karin Michaëlis
Der er meget, der tyder på, at jordemoderen "Syltesørine" i romanen i vid udstrækning er et selvportræt af Karin Michaëlis. Hun bor samme sted på Thurø, som Karin Michaëlis gjorde i et hus med overvældende frodighed, frugt, blomster osv. Mange af jordemoderens synspunkter er i overensstemmelse med Karin Michaëlis', f.eks. en ukonventionel opfattelse af kvinder, børneopdragelse, af enlige mødre og ikke mindst karaktertræk som medfølelse og hjælpsomhed. Dertil barnløshed og moderlighed.

En kvindelig emigrant, Johanna Mockrauer, der sammen med

sin mand højskoleleder Franz Mockrauer i sommeren 1933 havde fundet tilflugt hos Karin Michaëlis på Thurø, tegner i et privatbrev følgende billede af Karin Michaëlis i den periode, hvor hun lige havde udgivet *Den grønne Ø* på tysk, og ligheden med jordemoderen i romanen er slående:

> "Ja, und wer ist Karin? Eine bekannte Schriftstellerin, ja aber noch mehr: schlechthin der Mensch! Man ist gleich vertraut mit ihr, gleich zu Hause in ihrer etwas phantastisch eingerichteten Villa, in der eine Liebe zu schönen Sachen [...] zur Geltung kommt. Die kleine korpulente Frau mit dem großen runden Kopf mit dickem gewelltem weißem Kurzhaar und einer kleinen Stumpfnase empfing uns mit mütterlicher Herzlichlichkeit (Sie ist 60 Jahre alt). Mütterlichkeit und Hausfraulichkeit treten bei ihr, wenn sie zu Hause ist, stark hervor, sie hat aber selbst keine Kinder, sie ist Mutter zu allen Menschen und Tieren; dabei wirkt ihr Kopf mit der Cigarette permanent schief im Mundwinkel oft männlich und ihre temperamentvolle Freude über ihr schönes Haus ist absolut kindlich [...] Karin spricht fast immer Deutsch mit uns, sie tut das gern, es ist oft wahnsinnig komisch, aber bezaubernd. Es ist immer eine Freude, sie sprechen zu hören und sie anzusehen. Wir sprachen viel von Deutschland [...] Karin bat uns, so oft wir wollten zu ihr hinaufzukommen".[81]

Et vigtigt fællestræk mellem jordemoderen og Karin Michaëlis er syltemanien, der giver jordemoderen øgenavnet "Syltesørine". Karin Michaëlis' syltemani omtales gang på gang af mennesker, der har kendt hende. Således f.eks. af Kaj (Kjachta) Hansen, den levende model for Torben. På båndoptagelsen (se note 70) omtaler han Karin Michaëlis' syltevanvid og siger, at syltetøjet var sødt og klæbrigt og mange gange var blevet så gammelt (fordi der var så meget), at man ikke mere kunne spise det. Da hendes gode ven Peter Freuchen i 1939 tegnede et stort billedlotteri til Karin Michaëlis, tegner han personlige motiver til hende, bl.a. nogle svaler, som hun var særlig glad for. I et brev fra den 18. januar 1939[82] skriver han: "Jeg skal blot huske at lave 2 smaa svaler til dig + en krukke, hvor der staar: Ribs. 1903."

(Dette er skrevet ved siden af en tegning i brevet af en syltetøjskrukke). Det er jo humoristisk, syltetøj fra 1903 var næppe spiseligt i 1939.

I en mindetale som tegneren Marie Hjuler, Karin Michaëlis' nære ven og illustrator til *Lotte Ligeglad*, holdt i Randers den 27. november 1973, sagde hun bl.a.:

> "Karin Michaëlis var et stort, rigt kunstnertemperament. Det er min erfaring, at alle kunstnere, der bliver til noget, har været myreflittige. Karin Michaëlis var ingen undtagelse. Jeg tror ikke, jeg har kendt et menneske, der var så flittigt som hun. Ikke blot med sit forfatterskab, men hun havde altid noget mellem hænderne. Hun sagde, at hvis kvinderne gav sig noget mere af med håndarbejde, kunne man lukke mange nerveklinikker. Det var ganske vist på en tid, da de fleste kvinder var hjemmegående og havde fast hushjælp. Foruden bøgerne skrev hun artikler til aviserne – hun deltog engageret i tidens problemer – hun svarede på alle breve – og der var hver dag en bunke post fra hele verden. Så passede hun sin store have og syltede og henkogte, så der måtte bygges et helt hus med hylder til alle de glas [...] Grænseløst gæstfri som hun var [...] Karin Michaëlis var det bedste – det varmeste og morsomste menneske jeg har kendt. Hun hjalp alle, der bad om hjælp – derfor blev hun også tit misbrugt [...] har De fået lyst til at kende hende, så læs hendes bøger! Jeg ønsker Dem god fornøjelse."[83]

Marie Hjuler fortalte mig en gang i en samtale i 1985, at da Karin Michaëlis så det store kirsebærtræ foran det hus, som Bertolt Brecht og Helene Weigel købte i nærheden af Svendborg, udbrød hun: "Jamen det kirsebærtræ kan I jo leve af!" "Man tænke sig", tilføjede Marie Hjuler, "Helene Weigel siddende på torvet i Svendborg for at sælge kirsebær! – nej! det kunne man absolut ikke forestille sig!" Men Karin Michaëlis kunne godt se sig selv i den rolle. I et brev til Marie Hjuler fra august 1933 skriver hun, at hun godt vidste, at hun med sin rustale i Studentersamfundet risikerede at miste muligheden for i al fremtid at få bøger ud i Tyskland, men hun *måtte* tale. Og hun tilføjer: "Du ved jeg kan leve af intet, sælge Frugt, Artikler, tage Sommergæster".[84]

I et brev (formodentlig det første i USA), som Helene Weigel skrev til Karin Michaëlis, (der på det tidspunkt boede i New York), i foråret 1942 fra Californien, da Brechts var kommet til USA, resumerer Helene Weigel familiens situation og skriver, at hun håber, at Karin Michaëlis snart vil komme på besøg hos dem i Californien, så de igen kan sidde og snakke (tratschen) i haven som før. I slutningen af brevet har Brecht tilføjet en hjertelig og humoristisk hilsen, hvor han indforstået spørger, "hvem spiser mon dit syltetøj nu?": "es ist scheußlich, daß wir so weit auseinander wohnen! wer wohl jetzt Dein Eingemachtes ißt? herzlich Dein alter b"[85]

Romanen *Den grønne Ø* giver en forklaring på Karin Michaëlis' syltemani.

V. Karin Michaëlis og antisemitismen

Karin Michaëlis' omtale af antisemitismens brutalitet i *Den grønne Ø* er usædvanlig som tema i en ungdomsbog.

Hun ytrede sig flere gange offentligt mod antisemitismen således i rustalen i 1933 i Studentersamfundet såvel som i nogle skrifter, som kort skal omtales her.

I *Berliner Tageblatt* fra den 8. april 1930 skrev hun en boganmeldelse *Antisemitismus. Ein Buch über das man nicht hinweg kann.* Det drejede sig om Grev Heinrich Coudenhove-Kalergi's bog *Wesen des Antisemitismus,* der udkom første gang i 1906, og som blev genudgivet i 1930 og 1935 af forfatterens søn Richard Coudenhove-Kalergi, der var leder af Pan-Europa-Bevægelsen. Karin Michaëlis beskriver, hvor glad og let om hjertet hun blev, da hun havde læst bogen, fordi hun tænkte, at med denne bog ville antisemitismens dumheder og forbrydelser én gang for alle være slut. Forfatteren, en østrigsk, aristokratisk, konservativ katolik og lærd mand ville oprindeligt som antisemit fastlægge grundtrækkene i antisemitismen, men under arbejdet med bogen forstod han, at det man bebrejdede jøderne faldt tilbage på forfølgerne selv, og at antisemitismen i århundreder byggede på en uhyrlig løgn. Bogen undersøger og dokumenterer, skriver Karin Michaëlis, antisemitismens historie fra dens begyndelse i religionsforskelle, over isolation og forfølgelse i middelalderen med udelukkelse af jøder fra de fleste erhverv – undtagen handel og pengeudlåning – frem til forfølgelserne i moderne tid. Coudenhove-Kalergi ville ikke skrive om genier, store talenter og mæcener blandt jøderne, men om de fattige jøder, der blev slette ved at blive behandlet slet, og som ville blive bedre og til velsignelse, hvis man lod dem vederfares retfærdighed. Om Danmark skriver Karin Michaëlis:

> "Mit Stolz muß ich es sagen, daß wir in Dänemark schon seit mehreren Menschenaltern frei sind von jenem Bazillus, der sich Antisemitismus nennt. Nie fragt man bei uns, ob einer Jude ist. Bei uns wäre unmöglich, was Tag für Tag im sanften Österreich geschieht, daß die Studenten ihre jüdischen Kollegen mit Stöcken und Gummiknüppeln

von der Universität fortjagen. Bei mir zu Hause weiß man nichts von den unmenschlichen Greueln in Rumänien, in Bulgarien, in der Ukraine, und kein Mensch kann sich einen Pogrom vorstellen. Wir wissen nichts davon, aber ich muß, mein Loblied zu Ehren meiner Nation einschränkend sagen, wir wollen nichts davon wissen. Wir schieben den Gedanken, der uns unbequem ist, so fort, als ereignete sich alles auf einem anderen Planeten, mit dem wir unmöglich in Verbindung treten können".

Hun tænker her bl.a. sikkert på, at hun i artikler i aviser og i foredrag rundt om i Danmark forgæves prøvede at vække den danske offentlighed til protest mod pogromer i Rumænien. Man ville ikke høre på hende og opfattede hende som naiv. Når danskerne, siger hun videre i avisartiklen, er så "fortgeschritten" som det er tilfældet, skyldes det muligvis jødernes integration i Danmark. Der findes mange blandede ægteskaber til stor glæde for kristne og jøder. Og hun fremhæver, at også den jødiske lære bygger på grundprincippet næstekærlighed, og at hun kender mange jøder, der i lige så høj grad efterlever bjergprædikenens bud om næstekærlighed som mangen en kristen.

I tre artikler *Jüdinnen* i den amerikanske tysksprogede ugeavis *Aufbau* fra den 7., 14. og 21. januar 1949 skriver Karin Michaëlis på en meget personlig måde om en række venskaber med jøder, dels tilbage til skoletiden i Randers, dels fra hendes første ungdomsår i København samt fra hendes senere vandreår i Europa og Amerika. Hun beklager, at det ikke, trods ivrig søgen, har været muligt for hende at opspore nogle jøder blandt sine forfædre! og hun fremhæver, at hendes jødiske bekendte og venner på ingen måde svarer til de gængse fordomme mod jøder, de er derimod redelige, hjælpsomme og gavmilde.

I Karin Michaëlis' artikel *Dänemark* i samlebindet *Weltgericht über den Judenhaß*,[86] der udkom i Prag 1935, altså på et tidspunkt, hvor hun formodentlig arbejdede på den danske version af *Den grønne Ø*, gør hun personligt og principielt op med antisemitismen, særligt den aktuelle i Tyskland. Også i denne artikel går hun ind på barndomserindringer i Randers, hvor hun havde mange jødiske skolekamerater, i hvis hjem hun lærte jødisk opdragelse at kende, som hun bemærkede foregik uden straf og trusler. Hun fremhæver også, at jøderne i hendes barndomsby hørte til de mest respekterede borgere. Hun ville naturligvis ikke påstå, at jøder er fejlfri – hvem er i øvrigt det? spørger hun – men jøderne forekom hende at være særdeles hjælpsomme. "Stets fand ich sie willig zu schenken, oft da, wo das Schenken wirkliches Opfer bedeutete" (s. 171). Dette havde hun især set under krigen 1914-18, hvor hun havde opholdt sig en stor del af tiden i Tyskland og Østrig. Den tyske stat og de kristne tyske borgere burde være evigt taknemmelige over jødernes indsats i krigens svære tid. Hun anfører en række eksempler på tyske og østrigske jøder, der havde ofret sig personligt, jødiske mødre, der ikke havde hamstret, selvom de havde kunnet, fordi de ville være solidariske med de andre tyske mødre. Hun nævner de mange jøder, der deltog i krigen og som de andre kæmpede og var villige til at ofre deres liv for landet, fordi det blev ønsket, og hun fremhæver jødiske tyske læger, der arbejdede sig til døde for at redde syge soldaters liv. Hun betoner endvidere, at vores religion og kultur hviler på den jødiske. Jøderne er ifølge hende "jordens salt", og hun kan næppe tænke sig et kulturland uden jøder. Hun forudså i øvrigt en assimilation i en fjern fremtid. Hun afviser som i de andre artikler, at jøder skulle være pengegriske og kun optaget af at gøre forretninger.

> "Es gibt kein Handwerk, keine Wissenschaft, überhaupt keine Arbeit, in dem und in der sich nicht Juden ebenso gut wie andere betätigen und sich auszeichnen, sofern man ihnen gestattet, ruhig und frei zu arbeiten. Daß in verschiedenen Ländern sich die Juden mehr mit Handel und Geldgeschäften abgeben, ist ja das Resultat der schändlichen Judenverfolgungen, da man sie systematisch von allen anderen Tätigkeiten ausgeschlossen hatte." (s. 173)

Og hun tilføjer:
> "Wir haben hier in Dänemark viele russische Juden und Juden südlicher Länder, die als armselige Flüchtlinge hier Schutz und Barmherzigkeit gesucht haben. Sie gehören heute zu unseren angesehensten Bürgern, sie zeichnen sich

auf allen Gebieten aus und haben niemals Grund zu Tadel gegeben. Es gehört zu den großen Seltenheiten, daß ein Jude – er mag bettelarm sein – in Konflikt mit den Gesetzen gerät" (s. 174)

Og hun fortsætter:
"Was haben die Juden nicht alles geleistet, als Wissenschaftler, als Aerzte, als Künstler und als Kunstliebhaber und Förderer! Dies weiß heute jeder. Wie kommt es also, daß in unserer Zeit, da wir bereits hofften, eine Epoche ohne Krieg, ohne Rassenhaß zu erleben, eine derartig erbärmliche, menschenunwürdige Judenhetze wie die in Deutschland, unserem geliebten Deutschland, möglich ist? Man steht vor einem Rätsel und bekommt keine Antwort. Was gesagt und behauptet wird, stimmt ja alles nicht."

Hun slutter sin artikel med følgende ord:
"Was aus den geflohenen oder in Deutschland lebenden und unterdrückten Juden werden soll, ist für uns alle noch eine ungelöste Frage. Wir denken darüber Tag und Nacht nach und finden vorläufig keinen anderen Ausweg als unsere Hoffnung auf die Zukunft und die Menschlichkeit zu setzen" (s. 175).

VI. Konklusion

Romanen *Den grønne Ø* fortæller historien om en verdensomspændende katastrofe, men også om håbet om og tilliden til, at det er muligt at opbygge en ny verden i et medmennskeligt fællesskab. Romanen kan forstås i et socialistisk (anarkistisk eller kommunistisk) perspektiv. Ophævelsen af ejendomsretten og indretningen af et pengeløst samfund synes at pege i retning af en politisk tolkning. Men man kan også betragte det nye samfund som et ur-kristent fællesskab, især hvis man ser på udformningen af de messianske træk hos hovedpersonen og den salige paradisiske tilstand, øens beboere befinder sig i i slutningen af romanen. Pengesedler og mønter kastes symbolsk i vandet, af sand betydning er de menneskelige værdier i en solidarisk forvaltning af øens begrænsede midler. Hvis alle skal overleve, må man omgås meget sparsommeligt med ressourcerne. Efter pigernes og karlenes "generalstrejke" på de store gårde, erkender gårdejerne, at de er afhængige af dem og accepterer at behandle dem værdigt og opgive egne privilegier, ligesom alle indser nødvendigheden af vegetarisk ernæring samt lighed i tildeling af levnedsmidler.

Det ser altså ud, som om Karin Michaëlis over for sine unge læsere plæderer for en kollektivisering, en indføring af anarkisme eller kommunisme eller muligvis et ur-kristent fællesskab som en *permanent* samfundsorden.

Der er imidlertid tale om et lille ø-samfund, der efter en naturkatastrofe ender i en pludselig og total isolation, som dog synes at blive ophævet til sidst. Der er mange parallelsituationer i romanen til forhold og løsningsforsøg i nødsituationer under Første Verdenskrig, under inflationen i 1923 og verdenskrisen i 1929. De afhjælpende foranstaltninger, der især blev organiseret af kvinder, har ligeledes paralleller i romanen. Det er derfor ligeledes muligt at tolke romanens katastrofe som en *midlertidig* nødsituation og romanen som en demonstration af, hvordan det er muligt at mestre en sådan nødsituation. For denne tolkning taler også, at øens samfundsform og -forhold *før* katastrofen var velfungerende, uden nævneværdig kriminalitet og med en udbygget socialforsorg. At man kan og bør handle socialt ansvarligt med ligelig fordeling af de tilbageblevne ressourcer, og at man skal forberede sig på sådanne situationer i gode tider ved opbygning af forråd til fremtiden, synes romanen også at sige. Hvor asketisk Karin Michaëlis mente man kunne leve, kan diskuteres. Hun var selv storryger – men hvordan man vil klare mangelen på tobak på den isolerede ø, omtales ikke. Med hensyn til alkohol, som jo hældes ud, bl.a. fordi den ofte fører til voldelighed, så beklages faktisk mangelen af alkohol den nat, hvor øens befolkning arbejder til den er segnefærdig for at afværge den nye katastrofe. Alkohol kunne have styrket i denne situation. Romanen viser endvidere, at det er muligt og i visse situationer nødvendigt bl.a. ved genbrug at vogte nøje over naturens ressourcer, og den foregriber hermed mange aktuelle diskussioner i dag.

Romanens slutning er åben. Skibet, der blev sendt ud for at finde verden og andre mennesker og for at erkende omfanget af katastrofen, ses i horisonten til sidst, ligesom det lykkes ingeniøren at genetablere kortbølgekontakt til andre overlevende. Øens duer, der forlod øen, vender tilbage – der er liv. Men hvorledes livet og samfundet på øen vil gå videre efter at isolationen er brudt, erfarer vi ikke. Vil øens befolkning vende tilbage til en status ante quem, eller vil den nye samfundsform med "et paradisisk" fællesskab blive fastholdt som en ny permanent samfundsform?

Hvilken tolkning, der er rigtigst, er svært at sige, og måske er det heller ikke så afgørende, da det jo er en roman og ikke et politisk manifest. Den manglende entydighed hænger nok også sammen med, at Karin Michaëlis ikke var og ikke så sig selv som et politisk-analytisk menneske. Men i alle tilfælde kan man dog fastslå, at Karin Michaëlis optimistisk tror på, at det i sidste ende er muligt at løse konflikter i en samfundskrise, hvis alle kommer til indsigt og får den rette vilje. Hun er dog ikke så naiv, at hun i romanen helt udelader eller benægter egoismen eller "det ondes eksistens". Det mest evidente eksempel er skildringen af de europæiske jøders skæbne.

Man kan også spørge, om det er mindre forpligtende, at Karin Michaëlis udtrykker sig i en ungdomsroman end i en genre for voksne. Det tror jeg ikke, snarere tværtimod. Både den valgte genre og romanens budskab om opbygning af et solidarisk samfund, skabt og præget af idealistiske, moralsk ufordærvede unge mennesker under ledelse af en uselvisk moderlig livgivende ældre kvinde, er i overensstemmelse med de tanker, hun formulerede under Første Verdenskrig i romanen *Die neuen Weiber von Weinsberg* (1916) og i fortællingen *Eine Botschaft* i samlingen *Weiter leben* (1914), men også senere i den sidste Bibibog *Bibi og Valborg* fra 1939. Fornyelse må ifølge Karin Michaëlis komme fra kvinder og børn og ikke fra mændenes etablerede verden.

Den grønne Ø indeholder også en advarsel, en stille anklage mod Danmark og en appel til danskerne, der var blevet forskånet under Første Verdenskrig, og som for en stor dels vedkommende i 20'erne og 30'erne trak sig tilbage i selvtilstrækkelighed og selvtilfredshed uden at ville se og forholde sig til de uhyrligheder, der fandt sted i nærheden i Europa, i Rumænien, Jugoslavien og i Tyskland. Det var ikke tilfældigt, at Karin Michaëlis var en varm tilhænger af Pan-Europa-bevægelsen under ledelse af Richard Coudenhove-Kalergi og blev æresmedlem af præsidiet. Mange danskere havde kynisk tjent formuer på de øvrige europæeres ulykke under krigen, medens andre som sømænd var blevet invalider eller var omkommet. Dette hentydes der til mange steder i *Den grønne Ø*. Vil danskerne slippe så let næste gang i en kommende alvorlig krise? Det synes Karin Michaëlis også at spørge om i bogen. I en samtale med sin søn Torben tematiserer ingeniøren netop denne problemstilling, som allerede findes i den tyske udgave fra 1932-33:

> "Ja ja, min Dreng, jeg har altid forudsagt, der kom svære Tider herhjemme! Du og din Mor, I mente, at i lille Danmark gik alting glat og fredsommeligt. Jeg spaar dig, inden ret længe har vi aabenlys Krig. [...]
> – Du mener ... Borgerkrig, Far?- Netop. Naar Krybben er tom, bides Hestene. Saalænge Folk kan koge deres Kaffe fire Gange om Dagen og faa to Retter Mad til Middag, saalænge de har nok at give Kreaturerne og til at fyre op med og ellers ikke mangler noget, saalænge gaar det, som du selv har set. Men den Tid er snart forbi. Vent blot, her bliver ikke godt at være." (s. 79-80)

Som tidligere nævnt får faderen ikke i sidste ende ret i sin pessimisme, børnenes og jordemoderens initiativ fører til en anden løsning.

Som omtalt i indledningen af dette arbejde om Karin Michaëlis skrev hun som 75-årig i *Berlingske Aftenavis* den 14. september 1948 en kronik *Børnebøger tæller ikke*, i hvilken hun fremhæver værdien af læseværdige børnebøger som tilhørende litteraturens vigtigste skatte, fordi de former den opvoksende ungdom og bibringer den etiske værdier, og uden tvivl ville Karin Michaëlis med sin spændende og underholdende ungdomsbog *Den grønne Ø* netop også formidle en række vigtige etiske værdier. I et tilbageblik over sit eget forfatterskab og dets virkning skriver hun beskedent og uimponeret videre i kronikken:

> "Stort Held har jeg haft som Forfatter, maaske ufortjent stort og i Tusindvis af Takkebreve brændte jeg sidste Sommer i Bager Struyes mægtige Ovne paa Thurø, da jeg gjorde Ende paa adskillige Skabe fulde af Brevskaber. Hver enkelt Brev var mig en Glæde, men paa faa Undtagelser nær var jeg langt mere lykkelig for daarligt bogstaverede og kejtet formede Børnebreve end elegante Takkeskrivelser fra Voksne. Dette at der sidder Børn midt i Afrika, i New Zealand, Argentina, Rusland og Jødeland, der elsker mig igennem mine Børnebøger, er en usigelig og endeløs Glæde".

Foto af den svækkede Karin Michaëlis i USA, af Trude Fleischmann, ca. 1945, privateje.

NOTER

1 Sabine Kebir *Abstieg in den Ruhm. Helene Weigel. Eine Biographie*, Berlin 2000.
2 Johs. V. Jensens breve til Karin Michaëlis i Troensegaard Autografsamling I, 2, a i Det Kongelige Bibliotek (KB).
3 I *Dansk Biografisk Leksikon* bd. 15 fra 1938 skriver Chr. Rimestad om Karin Michaëlis og i udgaven fra 1981, bd. 9 skriver Susanne Fabricius om Karin Michaëlis. I *Danske digtere i det 20. årh.* fra 1951 skriver Ulla Albeck om Karin Michaëlis, i 2. udg. fra 1965 skriver Niels Birger Wamberg og i 3. udg. fra 1980 skriver Susanne Fabricius om Karin Michaëlis. I Stig Dalager og Anne-Marie Mai *Danske kvindelige forfattere*, bd. 2 fra 1982 omhandles Karin Michaëlis s. 63-69. Senest skriver Beth Juncker: Det farlige liv. Om Karin Michaëlis, i E. Møller Jensen (udg.) *Nordisk kvindelitteraturhistorie*, bd. 3, 1996, s. 218-224 og Karen Klitgaard Povlsen i *Dansk Kvindebiografisk Leksikon*, 2001. I *Litteratur og Samfund* (47) 1975 skriver Mette Iversen: Karin Michaëlis: Den farlige Alder s. 11-53. I *Overgangskvinden. Kvindelighed som historisk kategori – kvindeligheden 1880-1920*, udg. 1982 i *Skriftserie fra Arbejdsgruppen for kvindestudier*, Odense Universitet bd. 1, 1982 skriver Tine Andersen og Karen Klitgaard Povlsen artiklerne om Karin Michaëlis s. 65-94: Den forsømte seksualitet. Om spændingen mellem autonomi og intimitet – og Fantasien som drivkraft i kampen for en anden virkelighed. Denne fremstilling har tegneren Marie Hjuler, der kendte Karin Michaëlis personligt, i et brev til Birgit Nielsen, afvist som meget skæv, ikke mindst antydningen af et lesbisk forhold mellem Karin Michaëlis og andre bl.a. med Marie Hjuler. Om Karin Michaëlis' *Bibi*-bøger skriver Mette Winge udførligt i *Dansk børnelitteratur 1900-1945 – med særligt henblik på børneromanen*, København 1975. Om Karin Michaëlis og de tyske emigranter se Birgit S. Nielsen: Karin Michaëlis' hjælp til tyske emigranter s. 33-58 i Steffen Steffensen *På flugt fra nazismen. Tysksprogede emigranter i Danmark efter 1933*, København 1986. Om Karin Michaëlis' forhold til Tyskland og hendes engagement under Første Verdenskrig se: Birgit S. Nielsen: Karin Michaëlis og Tyskland i *Fund og Forskning*, bd. 39, 2000, s. 149-181.
4 Inden for de sidste ti år er følgende bøger af Karin Michaëlis udgivet på tysk på Kore Verlag i Freiburg im Breisgau: *Bibi, Bibis große Reise, Bibi und Ole, Bibi und die Verschworenen, Bibi in Dänemark, Bibi und ihre Freundinnen* 1993-1996. *Das gefährliche Alter* 1998, *Der kleine Kobold* 1998.
5 Tove Ditlevsens brev til Karin Michaëlis i Troensegaard Autografsamling I, 2, a KB
6 Otto Gelsted i december 1926 i tidsskriftet *Clarté*.
7 I sin tyske selvbiografi *Der kleine Kobold*, Wien 1948, s. 297 beskriver Karin Michaëlis et møde med Colette:
"Und Colette, die wundervolle Colette, mein Liebling unter den Schriftstellerinnen Frankreichs! Einmal kam sie nach Wien. Die Schriftsteller-Genossen-

schaft gab ihr zu Ehren ein Bankett und ich sollte neben ihr sitzen. Ich fürchtete aber, daß mein Französisch nicht gut genug wäre und setzte mich im letzten Augenblick zu Felix Salten in die andere Ecke des Saales. Um ihr jedoch zu zeigen, wie sehr ich ihre Bücher liebte, nahm ich meine kostbare Halskette ab und hängte sie ihr um den Hals. Verwirrt durch meine eigene Kühnnheit, eilte ich zu Felix Salten zurück.

"Was für eine schöne Geste", sagte er. "Ich wünschte, ich hätte etwas, etwas hundertmal Wertvolleres, um es Ihnen als Andenken an diesen Augenblick zu geben. Leider bin ich nicht so reich. Nehmen Sie, bitte, wenigstens dies." Und Felix Salten drückte mir eine goldene, mit Diamanten besetzte Zigarettendose in die Hand.

Am nächsten Morgen erhielt ich von Colette einen Korb mit herrlichen Blumen. Mit ihm kam ein Schreiben, in dem es hieß: "Wenn Ihre Bücher nicht gewesen wären, hätte ich meine nicht schreiben können".

8 R. M. Rilke *Karin Michaelis: Das Schicksal der Ulla Fangel*, aftrykt i R. M. Rilke: *Werke*, Frankfurt a. M. 1965, s. 630-633. I slutningen skriver Rilke: "Aber es ist das Los der Menschen, daß sie einander nicht erreichen können, daß einer weit vom anderen lebt. Das Schreckliche ist nur, daß einer den anderen doch töten kann, trotz aller Ferne. Das ist das Schreckliche. Es war schon bei ihrem ersten Buche klar, daß Karin Michaelis das und Ähnliches sagen will. Sie sagt es auf eine vornehme und eigene Art und ganz als Frau. Diese nordischen Frauen, die über die Frauenfrage hinaus sind, fangen an, Schicksale zu sehen und zu erzählen, die kein Mann schreiben könnte. Sie finden ihre Stoffe, um deren willen es schreibende Frauen geben muß: ein weites, unberührtes Gebiet. Sie wissen von Kindern und von jungen Mädchen zu sagen wie von jungen, einsamen, leidenden Menschen. Der Backfisch fällt fort. Und der Mann ist nicht mehr das Schicksal. Er ist eins von den Dingen im Dunkel, das fernste und sonderbarste vielleicht, ein Teil jener Fremde, die wir Leben nennen, eine Heimatlosigkeit mehr. Aber zugleich eine Ferne. Sie ist die Grundstimmung in den beiden Büchern der Karin Michaelis. Wer das erkennt, wird zugeben, daß sie ein Fortschritt sind: etwas Neues und Notwendiges."

9 Allerede 1911 udkom Ch. Ruhland *Protest gegen "Das gefährliche Alter" von Karin Michaelis in Briefen,* Halle 1911. I sin artikel i *Kindlers Literaturlexikon* om *Den farlige Alder* ser Alfons Höger det overraskende i romanen i, at den næsten udelukkende bygger på Otto Weiningers teorier i *Geschlecht und Charakter* fra 1903 med kønnenes fjendtlige kamp og med kvindens grundlæggende forløjethed, idet hun aldrig vil eller kan være helt ærlig over for manden, fordi det ville være forræderi mod hendes eget køn og ville betyde en indrømmelse af hendes afhængighed af manden og vise hendes helt igennem negative karakter. Og romanens erkendelse af, at den specifikt kvindelige karakter for en stor del er produkt af det af manden beherskede samfund, peger ifølge Alfons Höger frem på Simone de Beauvoir.

10 Clara Viebigs brev til Karin Michaëlis i NKS 2731 i KB fra den 25. december 1910. Hun skriver bl.a.: "Liebe Frau Michaelis. Es thut mir leid, wenn mein Entrüstungsruf in den Leipziger Nachrichten Ihnen weh getan hat – das ist ja

115

aber nun einmal nicht anders, Sie, ich, wir alle, die wir mit unseren Arbeiten vor die Öffentlichkeit treten, müssen es uns gefallen lassen, gerecht und ungerecht, so oder so beurteilt zu werden.[...] Sie haben mich gänzlich mißverstanden, wenn Sie annehmen, ich vermische Ihre eigene Persönlichkeit mit der Heldin des gefährlichen Alters. So unkünstlerisch denke ich denn doch nicht, daß ich nicht Autorin und Buchheldin auseinanderhalten könnte, selbst wenn die "Ich"-Form gewählt ist. Von Ihnen persönlich denke ich gar nichts; ich kenne Sie nicht [...] Ich protestiere nur gegen die Heldin des gefährlichen Alters als Typus, denn leider ist es Ihrer Künstlerschaft nicht gelungen, Frau Elsie Lindtner als krankhafte Ausnahme hinzustellen. Das Publikum, zum mindesten durch die Kritik nimmt an, daß Sie in dieser widrigen Erscheinung die ganze Frauenwelt im gefährlichen Alter haben abkonterfeien wollen. Und dagegen richtet sich mein Wort. Gott sei Dank so sind wir Frauen zwischen 40 und 50 denn doch nicht! Und ferner beanstande ich die unwürdige Reklame, die man, auf Dummheit und Lüsternheit der Leser spekulierend, mit Ihrem Buche treibt [...] Ihren Brief behalte ich selbstverständlich für mich; er hat mir sehr gefallen, und ich danke Ihnen dafür. Ihre ergebene Clara Viebig".

11 Karin Michaëlis arrangerede i 1927 i samarbejde med *Politiken* et gæstespil i København med Klaus Manns stykke *Revue zu Vieren*, hvori Klaus Mann, Erika Mann, Gustaf Gründgens og Pamela Wedekind optrådte. Se brev fra Pamela Wedekind den 8. juni 1926 til Karin Michaëlis i NKS 2731 i KB. Hun skriver bl.a. "Liebe wunderbare Karin, schönsten Dank für Deinen Brief. Eine Freundin von mir Ruth Hellberg hat Dich in Königsberg gehört und war ganz begeistert! [...] Ich spiele jetzt 8 Tage mit Mama zusammen hier in Zürich. Klaus ist in München und dichtet die "Kindernovelle". Erika wird am 17. Juli heiraten. Wenn aus unserem Gästespiel in Dänemark noch etwas würde, im August oder vielleicht auch im September, wäre es fein! Bitte schreib es mir dann gleich [...] Und Dir alles Liebe und Schöne Deine Pamela". Klaus Mann omtaler gæstespillet i sin selvbiografi *Der Wendepunkt*: "Wir wurden in den Berliner Kammerspielen ausgepfiffen, in München beschimpft, in Hamburg beklatscht, in Kopenhagen, wo die liebe Karin Michaëlis uns ein Gastspiel unter den Auspizien der führenden lieberalen Zeitung "Politiken" gerichtet hatte, mit wohlwollender Neugier empfangen" i Klaus Mann *Der Wendepunkt*, Frankfurt 1960, s. 169.

12 Karin Michaëlis beskriver Eugenie Schwarzwald og hendes kreds flere steder i sin selvbiografi *Vidunderlige Verden*, København 1948-50, samt i en række avisartikler. Elsa Björkman-Goldschmidt beskriver miljøet i *Vad sedan hände*, Stockholm 1954, og Aage Dons har portrætteret Genia Schwarzwald (og også Karin Michaëlis og Maria Lazar) i sin erindringsbog *Uden at vide hvorhen*, København 1976. Større fremstillinger om Genia Schwarzwald er: Alice Herdan-Zuckmayer *Genies sind im Lehrplan nicht vorgesehen*, Frankfurt 1979, Hans Deichmann *Leben mit provisorischer Genehmigung*, Wien 1988, R. Streibel (udg.) *Eugenie Schwarzwald und ihr Kreis*, Wien 1996 og Renate Göllner *Kein Puppenheim. Genia Schwarzwald und die Emanzipation*, Frankfurt a.M. 1999.

13 I Ellen Keys brev fra den 16. december 1914 til Karin Michaëlis i NBU, Det Kongelige Bibliotek, hedder det: "Kära, vilken förtrollande skildring Ni givit av Eugenie Schwarzwalds skola! Vad hon kommar att bli glad att vara så väl förstådd, så älskvärdt tecknad! Jag har redan ordnat om att ge bort den till jul och Ni skall sända ett ex. till fru Gurli Linder *Stockholm* Svenska Dagbladet så skriver hon om den någonstäder, med förståelse och talent. Jag är så glad åt den att jag ville *krame Er*. Hälsa Eugenie när Ni skriver och säg henne jag kände igen henne. Sedan vi senast sägas har mycket hänt i Ert liv – sorg och nya lyckobud från livet, store resor och många upplevelser. Må Ni nu, åter i hemlandet, där erhålla alt kun efter Ert Sinne och må livet le mot Er efter att ha varit hårt och mörkt.

Vi leva i dystra tider at mine vänner i Wien – Genia Schwarzwald bland andra – äro ofta i mina tankar. Kriget vill jag ej tala om, samtidigt med *Glaedens Skole* da senan är den ljusa våren, kriget den fasansfulle Fimbulvintern.

Med hjärtligaste önskan om en så god jul, man kan ha den i dessa tider och med mitt hjärtligast *TACK* också för Er härliga bok, Eder tillgivna Ellen Key."

14 I et brev fra de to svenske pædagoger Nanny Carlsson og Agnes Sundström samt den tyske Margarethe Schurgast til Karin Michaëlis i NKS 2731 KB fra ca. 1926 beretter de om Ellen Keys sidste tid og død og fremsender en skrivelse, som Ellen Key har dikteret på tysk, som de skal videregive til Karin Michaëlis, i hvilken Ellen Key opfordrer Karin Michaëlis til at føre hendes fredskamp videre: "Bitte sie innig von mir, es als ein Vermächtnis zu fühlen, daß sie nun für die Schulreform und Kindererziehung zum Pazifismus hin und für die Friedensbewegung sich einsetzt [...] Karin Michaelis ist jung und voller Kraft, sie weckt Begeisterung, sie soll sich Helfer heranbilden, um zu gleicher Zeit für die Kindererziehung, Universitätsreform und Friedensbewegung wirken zu können. Die neuen Erfindungen der Giftgase und der gesamten Zerstörungsindustrie dulden keinen Aufschub. Sie hat schon eine gute Helferin für die Schulen in der kraftvollen, wunderbar tätigen Frau Dr. Eugenie Schwarzwald, die ich sehr liebe, die ihre Freundin ist. Sage auch ihr meinen letzten Gruß und sage auch ihr die Bitte, daß sie weithin tönend für die Reform der Universitäten und für die Friedensbewegung eintritt. Sage beiden lieben Frauen, daß meine Seele hilft, ihnen Kraft zu geben und im starken Flügelschlage um sie sein wird...

15 Poul Henningsen skriver til Karin Michaëlis den 26. oktober 1917: "Kære Fru Karin Michaëlis. Da jeg læste Deres smukke Kronik i dag [om O. Kokoschka, se note 17] tænkte jeg igen paa Deres Venlighed og store Hjærte. Jeg kan ikke glemme, hvordan De var imod mig ukendte unge Mand – at De interesserede Dem for mine Sager og min Fremtid – hvor maa De saa have mange at tænke paa. Jeg fik ogsaa dog paa Grund af Rejse alt for sent – at vide at De havde tænkt paa mig i Wien ogsaa og havde talt til Arkitekt Loos om mig – ikke alene taler De til mig – De handler ogsaa for mig.

Dor var et Par Ting jeg ikke fik sagt den Aften vi talte sammen nemlig at jeg var saa meget ung endda som Arkitekt og kun havde bygget om paa Falck-Jensens Villa intet andet og at jeg var midt i min Uddannelse. Begge Dele har forandret sig siden idet jeg i Sommer har arbejdet paa Gaarden Dronninglund og til April er færdig med min skolemæssige Uddannelse. Saa begynder den virkelige.

Jeg har meget Lyst til at tage til Wien men det er jo haabløst at se frem til April i disse Tider – alligevel kan jeg ikke lade være at tænke derpaa. Det er Mennesker som De hvis Ord og Venlighed faar en ung Mand til at tro paa sig selv og sin Fremtid endogsaa i saa haabløs en Stilling som "Arkitekt" er i alt Fald her i Landet.

Jeg takker Dem endnu mange Gange for hvad De har gjort for mig og betydet for mig – Mor fortæller at De har været saa udmærket mod hende. Hun sender mange Hilsner, Deres ærbødige Poul Henningsen".

16 I Karl Kraus' tidsskrift *Die Fackel* rettede Karin Michaëlis i 1913 sammen med bl.a. Selma Lagerlöf, Peter Nansen, Karl Kraus, Adolf Loos og Arnold Schönberg en appel om indsamling af penge til den nødlidende digter Else Lasker-Schüler. Appellen er aftrykt i Erika Klüsener *Else Lasker-Schüler*, Hamburg 1980, s. 82. Else Lasker-Schüler omtaler i *Gesichte* fra 1913 Selma Lagerlöf og Karin Michaëlis på følgende måde: "Aber ich denke an Selma Lagerlöf, die herrliche Menschin, an Karin Michaelis, das liebe große Kind [...] Sie tragen die Bilder des Himmels in ihren Dichterinnenherzen – halten sie zwischen ihren Händen." I Else Lasker-Schüler *Der Prinz von Theben und andere Prosa*, München 1986, s. 156-57.

17 Karin Michaëlis skriver i sin kronik bl.a.: "En Dag spurgte han, om han maatte tegne mig. Jeg havde hverken Tid eller Lyst til at sidde, desuden anede jeg det værste. Jeg havde nylig set et Maleri forestillende en ung Pige med hele Ansigtet fuldt af ligesom store Kulstøvfnug eller Prikker i et Slør. Disse Prikker forklarede han dermed, at Modellen – en glimrende begavet Hollænderinde – var saa fraværende og distræt, at hendes "indre Aasyn" viste sig saaledes for ham. Senere fik han for saa vidt Ret, idet den unge Dame, hvad ingen af os dengang anede, virkelig blev sjælelig formørket. Mit Afslag vakte hans Trods, hans Vrede: Om jeg vilde sidde to Timer? En Time? En halv? Nej, nej, nej! Jeg var jo ved at pakke Koffert! Om han maatte tegne mig imedens? Jeg indvendte, at om tyve Minutter vilde den blive hentet. Gjorde intet, til den Tid var Billedet færdigt.

Jeg pakkede, han tegnede. Naar jeg bukkede mig, kravlede han paa Gulvet for ikke at slippe Ansigtet af Syne. Billedet var færdigt paa tyve Minutter – men hvilket Billede! Tre Maaneders simpelt Fængsel havde ikke været for meget for den "Skade paa mit gode Navn og Rygte", han dermed forvoldte mig. Tegningen kom nemlig i "Sturm". Fra den Tid har jeg saa smaat hadet Herwarth Walden. Der gik et Par Aar, jeg blev Ven med Kokoschka, men kunde daarligt tilgive ham "Sturm"-Forbrydelsen, ikke mindst fordi han vedblivende paastod, at mit "indre Ansigt" var glimrende truffet! "

18 Om Karin Michaëlis' og Genia Schwarwalds humanitære engagement under Første Verdenskrig se Birgit S. Nielsen: Karin Michaëlis og Tyskland i *Fund og Forskning* bd. 39, 2000, s. 149-181.

19 Karin Michaëlis *Krigens Ofre*, København 1916 og Karin Michaelis *Opfer. Kriegs- und Friedenswerke an der Donau*, Wien og Leipzig 1917.

20 Karin Michaelis *Weiter leben. Kriegsschicksale*, München 1914 og *Die neuen Weiber von Weinsberg*, Berlin og Wien 1916.
21 I Karin Michaëlis *Der Fall d'Annunzio*, Potsdam 1925 (39 sider). Karin Michaëlis opnåede ikke noget for Hertha Thode, men hun mente, at hun bidrog til at forhindre, at d'Annunzio fik nobelprisen.
22 Se brev fra Oluf Carlsson til Karin Michaëlis den 14. januar 1936 i NKS 2731 KB. Stauning havde givet Karin Michaëlis' brev videre til Oluf Carlsson, der havde diskuteret sagen med tegneren Anton Hansen, der foreslog, at man kunne trykke nogle tegninger af Kollwitz og arrangere en udstilling i København.
23 Karin Michaëlis' brev til justitsminister K.K. Steincke:
"Kære Herr Minister Steincke -
Hvor bliver Ormen hin Lange??? De lovede mig saavist et Svar i Løbet af ganske kort Tid, og jeg sidder og stirrer fortabt efter Posten, der skal bringe det. Ganske vist, da jeg kom hjem, laa der et Afslag, men det var paa den Ansøgning jeg havde foretaget gennem det Svendborg Statspoliti. Se, da jeg var hos Dem, sad jeg som paa Naale. Jeg tænkte paa alle de andre ude i Forværelset, og De hjalp mig ikke! De "afbrød", husker De det? Derved fik jeg ikke opnaaet at klarlægge Sagen. For det første Erich Reiss er ikke en helt almindelig Mand. Han havde arvet Penge fra sin Far og startede et Forlag, der hører til de ubetinget allerbedste i Tyskland. Paa dette Forlag ofrede han alt. Han udgav blandt andet som den første og eneste Georg Brandes samlede Værker. Han udgav Sophus Michaëlis. Hans Broder havde dengang Hebbeltheatret, ejede det, og der foregik Uropførelsen af "Revolutionsbryllup". I 1908, saa gammelt er vores Venskab. Havde Sophus Michaëlis levet, han vilde have sat alt ind paa at hjælpe denne Ven gennem en Menneskealder eller mere.
Naa, men nu til selve Sagen. Jeg anede ikke, at der allerede var indgivet Ansøgning i August baade direkte til New York og til Konsulatet i Berlin. Ifølge Svaret i August, siger man, at der staar saa mange paa Listen, at han først kan vente at komme til Februar. Men nu er vi jo lige ved Januar. Og De forstaar, han var i Koncentrationslejr fra 10. November, er kommen ud lidt før Jul, men saavidt jeg ved, kommer ingen ud uden mod at underskrive et Papir, at de i Løbet af to Maaneder forpligter sig til at være ude af Tyskland – for altid. Kan de ikke faa Papirerne ordnede, saa skal de "straffes", som det hedder. Og han kan ikke overleve endnu et Ophold i Koncentrationslejr.
I visse Tilfælde er det jo muligt, at Emigranter forsøger at slippe ind i Danmark uden at have Sikkerhed for at de kan komme videre, men her er det fuldkommen beviseligt at han kan komme til Amerika. Det kan kun dreje sig om højst et Paar Maaneders Ophold i Danmark, hos mig. Og naar jeg garanterer, at Danmark ikke faar en Øres Udgift derved, saa maatte det dog kunde lade sig gøre ifølge Loven. Skulde jeg gaa hen og dø, kan man sælge mine Malerier og mit Sølvtøj og mit større Hus, for at dække hvad hans Ophold monne koste. Penge til Billetter er der sørget for.
Jeg har længe gerne vildet lære Dem at kende, men man faar jo ikke meget ud af saadan et lille Hastværksbesøg, hvor De fortæller, at De er træt, og jeg sid-

der med Livet i Hænderne for IKKE at trætte Dem yderligere og ikke tage Tiden bort fra andre.
Jeg holder saa umanerlig meget af Erich Reiss, og jeg ved fra hans Ven i Berlin, at han er fuldkommen nedbrudt, som Følge af den ene Maaneds Ophold i Koncentrationslejren. Hjælp mig! De kan jo, for det jeg beder om gaar ikke paa tværs af Loven.
Og saa kun mange gode Hilsner og Tak for det, De her gør for mig. Jeg skal aldrig glemme det, selvom jeg aldrig vil opnaa at kunde gøre Gengæld. Men hvem ved? De husker nok Historien om Løven og Musen. Den lille Mus opnaaede dog da Tid kom at trække Splinten ud af Løvens Lab.
Altsaa. Hjerteligt Deres Karin Michaëlis." Brevet ligger i Rigspolitichefens arkiv, Rigsarkivet København. Karin Michaëlis opnåede ikke indrejsetilladelse for Reiss til Danmark, men det lykkedes hende at mobilisere Selma Lagerlöf og Karl Otto Bonnier, der skaffede Reiss indrejsetilladelse til Sverige i sidste øjeblik, hvorfra han kom til USA.

24 Harald Storm Nielsen udgav flere bøger om sit liv, oftest under pseudonymet Fionador, bl.a. Storm Fionador *Livet i Konflikt med Loven*, København 1929 og Storm Nielsen Fionador *Medfange Nr. 33 og Bankesystemets Hemmelighed*, København 1930.
25 Karin Michaëlis i sin tyske selvbiografi *Der kleine Kobold*, op.cit., s. 255
26 Se også Kela Kvam *Betty Nansen. Masken og mennesket*. Gyldendal 1997, s. 121 ff.
27 Den første hilsen fra Karin Michaëlis til Georg Brandes: "Vi er Venner vi to!" er skrevet på et visitkort fra den 20. marts 1894 med hendes trykte navn: Katharina Michaëlis, f. Bech-Brøndum. Hun sender ham løbende sine bøger. I oktober 1894 skriver hun bl.a. "Kære dejlige Doktor! Det er saa godt som jeg kunde gøre det. Engang skal De faa se noget helt godt fra mig, saa skal *Deres Navn* staa paa første Blad". I et brev fra den 18. januar 1897 skriver hun: "Fantast som jeg er, synes det mig et Livsformaal *uden Elskov, uden Egennytte* at være god imod Dem og vise, at en Kvinde, der tror paa sit Ideal, vil ofre alt for Idealets Skyld. Tilmed ved jeg saavel, at De bagefter vilde lade haant om mig, men det fik være. Deres er jeg og bliver jeg endda – nu venter vi paa Lejlighed. Katharina Michaëlis." Et brev fra 5. marts 1901 slutter således: "Fra Tao de varmeste Hilsner, ogsaa fra Deres gennem Tiden *mere* og *mere* hengivne Karin Michaëlis. Jeg regner Dem for en af de *heltud* trofaste Venner. Det tør jeg nok." I et brev fra den 17. april 1902 skriver hun bl.a.: "Kære Ven – et endnu. Det aner mig uklart, at De i grunden *slet ikke* synes om mine Bøger, og det bedrøver mig, men alligevel vil jeg hellere have, at vi helt springer over dem, end at De af Godhed finder paa at sige mig nogle pæne Ord, som gælder Mennesket, ikke Værkerne. Dertil er De for stor – og jeg for god. Vi vil jo netop være *ærlige* Venner. Og saa maaske i Fremtiden kommer jeg til at skrive en Bog som De finder god. "Kloge Bog!" – om min! De ved nok ikke, at alle Venner siger, jeg har Hjerte, men mangler Forstand. Deres Karin Michaëlis, som holder af Dem." Karin Michaëlis' 17 breve til G. Brandes ligger i Brandes-arkiv I c på KB.

28 De 14 breve fra G. Brandes til Karin Michaëlis ligger i Troensegaard Autografsamling I 2 a på KB. Udløsende for Karin Michaëlis' meget personlige brev til Brandes fra den 26. januar 1912 var et overstrømmende og hjerteligt brev fra ham til hende to dage tidligere fra den 24. januar 1912 i forbindelse med hendes ægteskab med diplomaten Charles E. Stangeland, med hvem hun ville rejse rundt i den store verden som diplomatfrue. Brandes skriver i brevet: "Kjære Veninde Hvilke Eventyr De dog oplever! Stangeland vil De kalde Dem, Danmark og Deres gamle Venner vil De for bestandig vende Ryggen, og iført Deres Berømmelses Glorie vil De trone først i Bolivia, saa i den gamle og nye Verdens Hovedstæder. Det gør mig oprigtigt ondt, at vi mister Dem. Men hvis det, De opnaar, er Lykken eller ligner den, saa kan man jo kun prise Dem lykkelig. Jeg gjør det, med et Kys paa Deres Haand. I gammelt Venskab Georg Brandes", i Troensegaard Autografsamling I 2 a på KB.

29 G. Brandes' udaterede brev i Troensegaard Autografsamling I 2 a, KB. Karin Michaëlis havde bedt Brandes, der opholdt sig i Paris, om at rykke Marcel Prévost for et eksemplar af den franske udgave af *Den farlige Alder*, til hvilken Prévost havde skrevet fortalen. Det afviste Brandes at gøre med henvisning til en alvorlig divergens, han havde med Prévost. Og han skriver til sidst i brevet: "Hans Fortale til Deres Bog, en Bog, der hér har vakt stor Opsigt [...] røber kun hans store Uvidenhed om Dem og om Norden. Den snurrige Aarsag, hvorfor Deres Bog *dog* her har behaget, er denne, der med Varianter er bleven mig forebragt en halv Snes Gange: "Vi arme Franskmænd skal altid af de germanske Folk høre ilde for vor saakaldte "Usædelighed", og navnlig om vore Kvinders Dyd taler de paa nedsættende Maade; ustandselig faar vi paa vor Tallerken dette Christiania, hvor Dyden og Renheden boer. Nu er vi lyksalige. En ærlig Dame har røbet os, at i dette lovpriste Christiania, hvor der dog er saa koldt, er Damerne hundred Gange udydigere end hos os. Jeg er Deres hengivne G. Brandes." Pil Dahlerup citerer i sin disputats om det moderne gennembruds kvinder uddrag af Karin Michaëlis' brev fra den 26. januar 1912 og G. Brandes' udaterede svarbrev: Pil Dahlerup *Det moderne gennembruds kvinder*, København 1983, s. 143 og s. 598-99.

30 Karin Michaëlis skriver den 7. februar 1917 en lykønskning fra Wien til Georg Brandes og omtaler, at hun i Budapest har mødt beundrere af ham, der ser ham som det 19. århundredes største åndelige skikkelse. Hun glæder sig til at læse hans "Voltaire" og sender "Tusinde varme Hilsner". Den 9. december 1924 skriver hun et langt maskinskrevet brev (hvilket hun undskylder med krampe i hånden af at skrive med pen, som hun kun fastholder at gøre med manuskripter, hvor hun tager "Smerten med i Købet") til G. Brandes om bl.a. Alexander Berkman og Emma Goldman, (der har bidraget afgørende til kendskabet til G. Brandes i USA), om fængselsforhold i Rusland og Amerika og om englændernes opførsel i Indien. Hun skriver: "Maaske har dette lange Brev kedet Dem, men De ved, hvad Hjertet er fuldt af, løber Munden over med [...] Tro ikke, jeg er ved at blive Politiker, dertil kræves langt mere Hjerne end jeg, desværre, har, men, som det Kvindemenneske jeg engang er, taar jeg alt gennem Hjertet og kan ikke lade være at svinge med. Desuden mener jeg,

at den virkelige Medfølelse altid er om end blot et Hanefjed frem i Retning af Hjælp [...] De behøver jo ikke at svare, jeg er ikke utaalmodig, men har De en Dag et lille Par Minutter tilovers, vilde det glæde mig meget at se Deres spinkle Skrift igen. Modtag saa til Slut en rigtig varm Vennehilsen fra Deres altid hengivne og beundrende Karin Michaëlis". Brevet ligger i Troensegaard Autografsamling, I 2 a, KB.

31 I interviewet med Karen Aaby i *B.T.* den 21. september 1946 omtaler Karin Michaëlis den store betydning, Herman Bang havde for hende. Hun elskede ham og hans diktion og udtaler, at ingen digter i hele verden i den grad forstod og formede kvindesind. Om Brandes siger hun videre: "Vi [Karin og Sophus Michaëlis] kom meget hos ham og jeg kunde godt lide ham, men jeg tror ikke det var gensidigt. Jeg var ham for aabenhjertig. Jeg var ikke tilstrækkelig diplomatisk. Da jeg senere giftede mig med min amerikanske Mand, han var Diplomat, og jeg paa et Besøg kom til København, skrev Georg Brandes et Brev til mig, der hævede mig til et Sted, der laa langt over Skyerne. Det var saa hjerteligt overstrømmende, at jeg straks maatte sætte mig ned og skrive ham en Tak. Men kære Georg Brandes, skrev jeg, naar De nu er saa begejstret for mig som Forfatter, hvorfor har De saa aldrig skrevet om min Produktion...Ved De, hvad der skete? Saa fik jeg et overmaade rasende Brev fra ham, hvori han bl.a. skrev: det kunde aldrig falde mig ind at skrive en Linie om En, der begaar Bøger om Voldtægt".

32 Romain Rolland skrev den 26. september 1926 til Karin Michaëlis om romanen: "Chère Madame Michaëlis. Comment n'ai-je pas connu plus tôt votre roman Les sept soeur[s]? Je viens de le lire pour la première fois, dans la traduction française de la librairie Stock, et je ne puis vous dire mon ravissement. Quel don merveilleux de maternité spirituelle! Vos filles vous sortent du corps, chacune avec sa vie propre, indépendente de vous, et si abondamment, qu'elles se fassent connaître, on sent sous leurs récits une substance inépuisable de réalité profonde, dont vous ne livrez qu'une partie. Vous me donnez des raisons nouvelles d'aimer et d'admirer la femme et son pouvoir créateur. Quand il lui plaît d'en user en art, elle est supérieure à l'homme. Nous construisons avec le cerveau. Elle enfante. Veuillez croire à ma respectueuse sympathie. Romain Rolland". Brevet findes i Karin Michaëlis' arkiv i Randers.

Romain Rolland rammer noget meget centralt i sin karakteristik af bogen og i Karin Michaëlis' måde at skrive på. (se også næste note).

33 I sin tyske selvbiografi *Der kleine Kobold*, op. cit., s. 307-09 beskriver Karin Michaëlis, hvordan romanen blev til. I Wien havde hun hørt om den tyske digter Ricarda Huchs tragiske historie. Som ung pige forelskede den unge forfatterinde sig i sin svoger og begge flygtede til Paris. Men af samvittighedsgrunde vendte manden tilbage til sin kone og sine børn. Hun giftede sig med en anden, men lod sig hurtigt skille, begyndte at skrive bøger og blev berømt. Senere insisterede de nu voksne børn på, at deres forældre skulle skilles, så Ricarda Huch og svogeren kunne gifte sig og endelig realisere deres kærlighed og tabte lykke og leve sammen resten af livet. Men allerede efter to

måneder måtte de bo i to forskellige hotelværelser. Deres kærlighed var, uden at de vidste det, ganske forsvundet. "Ich beschloß", skriver Karin Michaëlis, "diese Geschichte zu einem Roman zu verarbeiten. Da sie meinem Herzen sehr nahe stand, wollte ich sie in der ersten Person schreiben, entweder als Tagebuch oder in Briefform. Ich wählte die Briefform. Aber wem sollte die Heldin des Romanes die Briefe schreiben? Zu wem würde sie genug Zutrauen haben, um sich ganz zu offenbaren? Zu einer Schwester... doch zwischen Schwestern sind oft große Unterschiede. Man kann nicht immer einer Schwester sagen, was man einer anderen freimütig anvertrauen würde. Ich brauchte also mehrere Schwestern. Wen sollte ich als Vorbild nehmen? Meine Schulfreundinnen? Mädchen, die ich auf meinen Reisen kennengelernt hatte? Ich fand nicht die richtigen Charaktere. Da setzte ich mich an meinen Arbeitstisch, tauchte die Feder in die Tinte und wartete geduldig. Bald erschienen die Schwestern von allen Seiten. Sieben Schwestern, die einander in ihren Briefen ihre Freuden und Leiden erzählen. Und jetzt geschah mit meiner Handschrift eine merkwürdige Wandlung. Jeder Brief war anders geschrieben. Nur eine von ihnen, die Hauptfigur, drückte sich in meiner eigenen Handschrift aus..." Og hun siger videre: "Die sieben Schwestern, die Menschen aus Fleisch und Blut wurden, waren in der dunklen Werkstatt des Unterbewussten geboren worden." Karin Michaëlis har flere gange beskrevet sin egen skriveproces som en form for trance-tilstand, hvor hun skriver ud af det underbevidste, – pennen skriver af sig selv. Når den rører papiret, er det som om en elektrisk strøm går fra pennen op i armen.

34 Ruth Weber var på dette tidspnkt gift med en tandlæge Kiær i Svendborg, og hendes svoger var den kendte maler Niels Hansen, Karin Michaëlis' nære ven. Den tomme (uforklarlige) plet følte Ruth Weber inden i sig selv, ikke kun når hun var depressiv, men også når hun var glad. En dag havde Niels Hansen hentet et billede, som i lang tid havde hængt på væggen hos svigerinden, idet det nu var blevet solgt. Ruth Weber følte, at hun måtte udfylde den tomme plet på væggen – og skabte uden at have malet før – et mesterværk: en nøgen negerinde. Niels Hansen kunne ikke tro, at det var sandt.
Melanie Kleins kunstteoretiske essay omtales i Lilian Munk Rösings artikel: Psykoanalyse s. 187ff. i *Litteraturens tilgange – metodiske angrebsvinkler*, redigeret af J. Fibiger et al., København 2001. Melanie Kleins artikel er aftrykt i *Love, Guilt and Reparation*, London 1975, s. 210-218. Ruth Weber (gift Kiær) omtales i *Weilbachs Kunstnerleksikon*, bd. III 1952 samt i den nye udgave fra 1998.

35 Brevet findes i en fotokopi i NKS 2597 I, 4 på KB. Karin Michaëlis tegner i øvrigt et meget udførligt og morsomt portræt af H. Pontoppidan i selvbiografien *Little Troll*.

36 Bogen skildrer moderens kærlige, men også lidt tyranniske forhold til datteren. Moderen havde ikke meget forståelse for sin datter som kunstner. Et vigtigt punkt i bogen er lillesøsteren Harriet Bech Brøndums død i New York februar 1914. Hun var ramt af en så stærk og uopfyldelig kærlighed til G. Brandes, at hun gik til grunde. Denne kærlighed omtales i mange af Karin Michaëlis' breve til G. Brandes, hvori hun beder ham have forståelse og vise

godhed for søsteren. I et brev fra den 10. marts 1899 skriver hun: "Ved De, at Harriet elsker Dem med en Styrke, som jeg end ikke anede fandtes i hendes sydlandske Natur. Hun er formelig suggestionered i sin Kærlighed!" Og den 5. marts 1901 skriver hun om søsteren. "Det arme Barn, jeg ser *ingen* Udvej for hende, slet, slet ingen." Og i et brev fra 1902 skriver hun: "Harriet kommer nok hjem ved Juletid – hun trives ikke i det kolde Land. Hun hører til Stammen Asra, "welche sterben..." Deres bestandig saameget hengivne Karin Michaëlis." (Karin Michaëlis citerer fra slutningen af Heines digt *Der Asra* fra *Romanzero*: "Und mein Stamm sind jene Asra, Welche sterben, wenn sie lieben.") At Harriets død skyldtes selvmord fortav de to andre søstre, Alma Dahlerup og Karin Michaëlis, over for forældrene. De fortalte, at søsteren døde af dårligt hjerte. I bogen *Mor* går Karin Michaëlis tæt på denne sorg. Medens hun selv i marts 1932 tog til Wien for at lade sig fejre til sin 60-års fødselsdag, finder moderen blandt Karin Michaëlis' hemmelige (bortgemte) papirer det gamle brev på engelsk, hvor datteren Harriets død var beskrevet. Moderen kan ikke engelsk, men får en engelskkyndig til at oversætte det. Først nu går det op for hende, at der var tale om selvmord. Da Karin Michaëlis kommer tibage fra Wien finder hun moderen helt forandret og som forstenet, uden at hun forstår hvorfor. Først ganske kort efter moderens død i juli 1932, forstår Karin Michaëlis grunden, da det fatale brev ikke er på sin gamle plads, men hos moderen. Datteren Harriets aske, der havde været opbevaret gennem de mange år i en urne i hjemmet, blev på moderens ønske stillet i fodenden af hendes kiste.

37 Agnes Henningsens brev til Karin Michaëlis i NKS 2731 på KB.
38 Se nærmere om Karin Michaëlis' forhold til det nazistiske Tyskland: Birgit S. Nielsen: Karin Michaëlis' hjælp til tyske emigranter i Steffen Steffensen *På flugt fra nazismen*, København 1986, s. 33-58.
39 Den fulde ordlyd i Birgit S. Nielsen 1986, op.cit. s. 39-40.
40 Børge Kristiansen og Birgit Nielsen *Hermann Brochs dänischer Emigrationsplan*, Text & Kontext 7,2 København 1979, s. 105-122.
41 Brevene til Ida Bachmann, der giver et godt indtryk af Karin Michaëlis' tanker og oplevelser, har jeg set under et besøg hos Ida Bachmann i Maribo i 1983. Ida Bachmann, der var bibliotekar og senere forfatter, opholdt sig under krigen i USA. Hun boede i samme hus som Karin Michaëlis i New York, og Ruth Berlau boede i længere tid i samme lejlighed som Ida Bachmann. Hun var medarbejder ved War Office of Information. Karin Michaëlis skriver i brevet fra den 2. november 1943 videre: "Jeg længes saa saare efter at høre fra Danmark, har ikke hørt et Suk siden jeg kom her, og det er saa tomt og man bilder sig saa meget ind." I et brev fra den 29. januar 1944 skriver hun: "Jeg har faaet fine nye Briller med saadan Glas, at man baade kan se langt og læse med dem. Dejligt. Jeg føler mig saa elegant og moderne, at jeg spekulerer paa at bekoste en Ægteskabsannonce." Og den 9. februar 1944: "Ida du ved ikke, hvor jeg skatter Begrebet Venskab. Jeg holder jo paa, at det er den mest værdifulde af alle menneskelige Følelser, den og saa den saa foragtede Medlidenhed. Deraf bestaar de 3 Fjerdedele af mig." I marts 1944 skriver hun om en

middag hos vennerne Edita og Ira Morris, hvor de fik "en ganske guddommelig Gaas, stor som en Flodhest ... Efter Middag kom af sig selv først Viertels, saa Eislers saa Kortner, jeg gik i Seng, som jeg mest gør ved 10-elleve tiden, de andre gaar midt om Natten". Den 21. marts 1944 skriver hun: "Vi venter Brecht i Aften eller i Morgen, der er et Rykind som naar en Massemorders Lig ligger paa herskabelig Parade i New York. Det er nemlig det højeste man kan naa her."
42 I Else Siegles privateje.
43 I et brev til Ida Bachmann den 22. maj 1944 skriver Karin Michaëlis bl.a.: "Jeg gaar stadig her og føler mig som en Linedanser, der balancerer hen under Skyerne, hvert Nu rede til Nedstyrtning. Nedstyrtning fra mit fagre Haab om Arbejde ved Filmen eller Antagelse af min Film. Ben Hecht er vildt begejstret og vil gerne gøre *alt*, siger han, men her siger Folk saa meget, der kun er tomme Ord, saa jeg opgiver at tro paa noget ...", men Karin Michaëlis vil dog ikke tage af sted fra Californien, før hun positivt ved, at der ingen muligheder er. Og hun fortsætter: "Jeg vilde egne mig saa godt til at være Filmsmedarbejder af mange Grunde, men mest fordi jeg har Fart i Hjernen og Fantasi og af Natur, som Forfatter, er dramatisk i Stilen." Brevene i Ida Bachmanns privateje.
44 Brevet citeres fra *Bertolt Brecht Briefe*, Hg. Günter Glaeser, Frankfurt a. M. 1981. Om Karin Michaëlis' venskab med Brecht og Weigel: Birgit S. Nielsen: Die Freundschaft Bert Brechts und Helene Weigels mit Karin Michaëlis i: *Die Künste und die Wissenschaften im Exil 1933-1945* (hgg. von E. Böhne u. W. Motzkau-Valeton), Stuttgart 1992, s. 71-96.
45 I Hans Deichmanns privateje.
46 K. Michaëlis: *Der kleine Kobold*, op. cit. s. 256.
47 Henrik Pontoppidan til Karin Michaëlis den 5. december 1924 i fotokopi ligesom brevet fra den 18. november 1928 i NKS 2597 fol.I,4 på KB. Pontoppidan fremhæver i brevet fra 1924, at han savner beskrivelser af natur og dyr, begivenhederne foregår inde i husene; men tilføjer han, denne kritik fremfører han kun for at drille lidt. Han siger videre: "Af Deres mange Bøger synes denne mig den bedste, fordi den er næsten helt fri for den Slags Syvspring over Stok og Sten, som De plejer at være forfalden til; – jeg venter mig især meget af den lille Gunhilds første Kærlighedshistorier, som vel må blive det næste Binds Indhold."
48 Mette Winge, op. cit. s. 330-31. Mette Winge fremhæver endvidere, at *Bibi*bøgerne er mindre didaktiske end samtidens pigebøger var i almindelighed (disse var ofte skrevet af lærerinder), ligesom også figurtegningen er mere modsætningsfuld og nuanceret.
Den indre forbindelse mellem Gunhild og Bibi fremhæves ligeledes af Susanne Fabricius og Beth Juncker. Susanne Fabricius skriver, op. cit. s. 350: "Den verden, som beskrives i erindringerne og i Bibi-serien, er ikke en speciel pigeverden, men en barneverden, hvor selve det at blive opdraget, at blive voksen har karakter af en gradvis undertrykkelsesproces. Bibi-figuren, som har en del lighedspunkter med Gunhild i erindringsromanen, gør ikke blot

oprør mod pigerollen, men mod ethvert forsøg på opdragelse overhovedet. Hun stræber efter total frihed, er umulig at holde i skole og lever et omstrejferliv, hvor hun benytter sit frikort til DSB (!). Den kvindelige vagabond i alle aldre er i det hele taget en stadigt tilbagevendende figur i Karin Michaëlis' romaner".
Og Beth Juncker skriver om *Træet paa Godt og Ondt*, op. cit. s. 223:
"Hun skrev den midt i sin løbebane, og serien står faktisk som et vendepunkt i forfatterskabet. Frem til den har hun i bog efter bog skildret pige- og kvindeopdragelsens uendelige forkrøblinger. Med Gunhild følger hun for første gang en skikkelse, som *ikke* giver op. Efter hende bliver det muligt at give form til de visioner om en opvækst i tryghed og frihed, der har ligget som latent dirrende grundlag under de mange skildringer af børns og kvinders forlis. Frem kommer serien om stationsforstanderdatteren *Bibi* I-VII, 1929-39, den næsten science fictions-agtige beretning om *Den grønne Ø*, 1937, og fortællingerne om *Lotte Ligeglad* fra Nyhavn, 1936. En nybrydende litteratur for børn og unge, der bærer hele forfatterskabets vision om den barndomsfrihed, der vil kunne skabe en ny verdensorden – selvstændige kvinder, mødre der har bevaret sig selv og derfor kan elske både mænd og børn, børn der får den frihed og tryghed, der er nødvendig. I disse bøger skildres samtidig korrektivet til de mange onde mødre. Med Gunhild skriver Karin Michaëlis en kunstnerskikkelse frem. Lutret i lidelse. I børneromanerne skriver hun på samme præmisser moderskikkelser frem, kvinder, som har vingefang til at bære nye generationer: Velsigne i *Bibi som Landmand* og Syltesørine i *Den grønne Ø* [...] De er begge blevet ramt af tabet, sorgen, sygdommen og er vokset med det [...] Ud af den kombination vokser en af *Bibi*-seriens mange sammenhængende fremtids- og paradisvisioner, en økologisk-kunstnerisk-kønsmæssig harmoni [...] I Karin Michaëlis' orden kan man være mor uden at være det. Det er ikke biologien, men livssynet og omsorgsevnerne, der styrer moderligheden – i den forstand lægger hun sig i forlængelse af Ellen Key."
49 Mette Winge, op. cit. s. 355
50 Mette Winge, op. cit. s. 298
51 Den tyske forlægger Herbert Stuffer henvendte sig i juli 1927 efter udgivelsen af den første *Bibi*-bog i USA til Karin Michaëlis for at få ophavsretten til den tyske udgave. Han modtog manuskriptet fra Kiepenheuer, der var Karin Michaëlis' vigtigste forlægger i Tyskland. Stuffer foreslog flere gange ændringer i den tyske udgave, mest af politisk-konservativ art, bl.a. en modificering af en spottende-ironisk tone over for kongen og adelen, fordi disse forhold endnu var en del af den politiske kamp i Tyskland. Ligeledes foreslog han fjernelse af Bibis kraftudtryk og eder, som kunne vække forargelse i Tyskland. Han ønskede også en indskrænkning af geografiske og historiske afsnit, og han ville oprindelig også gerne have haft en anden illustrator. I efteråret 1928 udkom første bind på tysk, som i løbet af 3 måneder var solgt i 6.000 eksemplarer. Andet bind om Bibis rejse i Tyskland blev også tilpasset Stuffers ønsker, bl.a. med tilføjelser til afsnittet om Berlin. Selvom Karin Michaëlis var "uønsket" i Tyskland efter 1933 blev *Bibi*-bøgerne solgt godt

frem til forbudet i 1939. I en opstilling i et brev fra Stuffer fra den 9. marts 1939 til Karin Michaëlis angives salget af *Bibi*-bøgerne med følgende tal: bd. 1: 58.367, bd.2: 39.394, bd.3: 27.810 og bd. 4: 20.858.
52 *Das Antlitz des Kindes. Bilder und Studien aus der Welt unserer Kinder, Herausgegeben von Karin Michaëlis. Mit 150 Bildern, Sammlung und Auswahl der Bilder: Herbert Starke*, Neufeld u. Henius Verlag, Berlin 1931. Bogen indeholder artikler af: Karin Michaelis, Carl Bulcke, Egon H. Straßburger, Ilse Reicke, Marta v. Zobeltitz, Otto Flake, Vicky Baum, Eugenie Schwarzwald, Walter v. Molo, Anna Tizia Leitich, Friedel Merzenich, Viktor von Kohlenegg, Ernst Zahn, Klaus Mann og Clara Viebig.
53 Halfdan Jespersens breve til Karin Michaëlis, som citeres her og nedenfor, findes i K. Michaëlis' arkiv NKS 2731 på KB.
54 Mette Winge, op. cit. s. 102.
55 I samme brev omtaler Jespersen en drengebog *Stump* af Karin Michaëlis' svoger Joost Dahlerup, som Jespersen ikke anser for noget betydeligt litterært værk, men som han vil udgive, hvis K. Michaëlis vil bearbejde den stilistisk.
56 Alexander Berkman: *En anarkists fengselserindringer. Oversatt efter originalen av Karin Michaëlis*, Det norske Arbeiderpartis Forlag, Oslo 1926. Forordet af K. Michaëlis s. V-X er en varm fortale for bogen.
57 Jfr. breve fra Agnes Smedley til Karin Michaëlis i Det kongelige Bibliotek og S. MacKinnon: *Agnes Smedley: The Life and Times of an American Radical*, Berkely 1988. Og A. Smedley: *Kun en Kvinde*, oversat af Clara Hammerich, København 1933, med et forord af Karin Michaëlis.
58 I et udateret brev fra ca. 1926 skriver han: "Men kæreste Fru Karin, selv om "Perlerne" bliver aldrig saa pragtfuld en Bog og selv om den skaffer Dem aldrig saa mange Tønder Guld – og begge Dele tror jeg fast paa, saa maa De love mig (c.: Dem selv) ikke at vende Deres Hjerte fra Gunhild! For "Træet" vil rage op i Himmelen og glæde Dem naar De engang sidder der mellem Göthe og Dickens, og her nede paa Jorden vil det overskygge alle Tidens smaa Træer og Gevækster og blive Valfartssted for alle, der kan læse med Hjertet og gribes og bevæges ved Kunstens Storhed og Enfold og Sandhed. Og derfor maa Kontinuiteten i dette Storværk ikke brydes og tredie Bind maa frem i November (c.M.S. 15. Sept.). "Perlerne" glæder jeg mig ogsaa vildt til, forstaar De nok, men Deres Læsere, for hvem De endelig er gaaet op i lidt af Deres Betydning, ja og Litteraturkritikerne med – maa holdes med fast Haand samlede om Træet og ikke forvirres i deres Beundring ved at skulle indstille sig paa en helt anden Side af Deres Skaberevne. "Perlerne" vil jeg derfor foreslaa at jeg honorerer og lægger ind i mit Pengeskabs hemmeligste Rum, til vi synes at det rette Tidspunkt for deres Tilsynekomst er indtruffen." I samme brev hedder det: "Er det sandt at De ogsaa vil dramatisere to af Deres Bøger "Barnet" og "Lillemor" ("Politiken") foruden at skrive et Par Børnebøger til Amerika, Avisartikler til 50 af de ledende Blade i 5 Verdensdele, Foredragstourné med paafølgende Fester til alle tyske Byer (over 500 Indbyg.) (der vil jeg forresten godt lege med!). Hvis De nu bare kan faa lidt af den tiloversblevne Tid anvendt til f.Ex. at ordne Deres utalte Venners indviklede person-

lige og pekuniære Forhold – og hvis De ikke dør af Lediggang i Løbet af et Par Maaneder – kan De jo faa det rigtig rart. De er altsaa et Unicum af Letsindighed."

Da Karin Michaëlis har sendt et smykke i bryllupsgave til Jespersens Datter, skriver han d. 13. juli 1926: "Kære vanvittig uselviske og offervilllige Medmenneske, tænker De aldrig paa, at De ogsaa selv skal have lidt Udbytte af al Deres Slid? Ej heller paa at ogsaa De bliver gammel (af Aar) en Gang og maa have et økonomisk Rygstød? De burde have en Formynder. Hvis jeg havde Ret – som jeg har Lyst, nu og da – saa nægtede jeg at udbetale Dem Deres Penge og satte dem i Overformynderiet! Men forresten er det jo dejligt at møde et Menneske, der virkelig er storstilet og fri for snusfornuftig Beregning."

Den 4. sept. 1928 skriver Jespersen: "Kære Veninde! I Nat kl. 2 blev jeg færdig med Manuskriptet, og jeg maatte straks ringe op til Fru Herdis Bergstrøm for at faa Luft for min Begejstring. Der er Partier særlig i Gunhilds Sygehistorie, hendes Fantasier under og efter Narkosen, der er sublim Kunst, uovertruffen og uovertræffelig. Det er jo et difficilt Emne, De behandler, men jeg vil haabe, at Erkendelsen af Kunstnerens suveræne Ret til at vælge sine Emner og Deres Genis Adelsmærke paa Behandlingen vil forhindre Kritikerne i at forarges og fordømme […] Endnu en Gang Tak for den Oplevelse, De har beredt mig med denne Bog."

I anledning af Karin Michaëlis' forestaaende 60årsdag i marts 1932 skriver Jespersen den 26. februar 1932 til hende i Wien: "…Jeg er saa optimistisk at haabe paa, at "Artibus et literi" eller "Ingenio et Arti" ligger paa Deres Fødselsdagsbord. Hvis det stod til mig blev De "Ridder af Elefanten"; det blaa Skærf vilde staa pragtfuldt til en sort Kjole! Forresten er det noget forbandet Snyderi, at De fejrer den Dag i Wien istedet for at give os Lejlighed til at lave en dundrende Fest med Bomber og Granater og Byen malet blaa. Er det anstændigt og forsvarligt at foretrække udenlandske Venner frem for de danske ved den Lejlighed hvor De naar Konfirmationsalderen? Men vi hævner os naar De atter viser Dem. Naa, til Lykke med den Hvide Løve; det er meget passende, at den hvide Løvinde finder sin Mage"

Og den 27. august 34: "Kære Veninde! Trods Deres Bebudelse fik jeg et Slagtilfælde i Morges, da jeg fandt en Check paa 11.000 Kr. fra Landmandsbanken i Svendborg for Deres Regning. Jeg har i min snart hundredaarige Forlagsvirksomhed endnu aldrig oplevet noget lignende. Tak for Pengene! […] Jeg haaber ikke, at denne frygtelige Aareladning har været smertelig for Dem. Jeg har jo gentagende Gange forsikret Dem, at det ikke var Livet om at gøre med de Penge."

59 I et brev fra den 28. oktober 1932 til Karin Michaëlis, i NKS 2731 på KB, afviser Jespersen bogen om de tre drenge eller unge mænd på 18-20 år. Jespersen bryder sig ikke om stilen, det er uappetitlige oplevelser, man kommer ikke til at holde af dem, skriver han. Han anser Karin Michaëlis for en stor skildrer af kvinders følesesverden, men han må fraråde denne bog. Samtidig skriver veninden og forfatteren Herdis Bergstrøm til Karin Michaëlis den

25. oktober 1932: "Kæreste Karin. Samtidig med dette Brev skal der ogsaa være et fra Jespersen – har du ikke læst hans først – saa læs det, og saa kommer jeg.
Mit Hovedindtryk efter den Samtale jeg havde med Jespersen nu til morgen det er det: om du saa skrev som en Engel om Drenge og unge Mennesker, saa vil det ikke blive dig tilladt herhjemme af Magten. Mændene paa Forlag og Presse. Om du skrev noget om Kvinder, der var i dine egne Øjne som det rene Galimatias, saa vilde Mændene sige: Vidunderlig, ingen forstaar sig paa Kvinder som Karin", i Karin Michaëlis' arkiv NKS 2731 på KB. Jfr. også Mette Winge, op. cit. s. 102 om kønsfordeling af forfattere til drenge- hhv pigebøger.

60 Det er kun den ene halvdel af korrespondancen, nemlig Jespersens breve, der er bevaret på KB.

61 I et brev fra Herbert Stuffer til Karin Michaëlis fra den 6. september 1929 omtaler han "ein größeres Kinderbuch" med en vanskelig slutning, som hun tidligere har fortalt ham om mundtligt. Han taler om "das Kinderbuch jenes Knabentraums", og at han kender en tysk børnebog med lignende tema, hvor det også i slutningen viser sig, at alt var en drøm. Man kunne måske også have en åben slutning. Men han ville først kunne tage stilling, når han havde læst manuskriptet. Dette og de følgende breve fra Stuffer findes i NKS 2731 på KB. Kun hvor dette ikke er tilfældet vil det blive angivet i noterne.

62 Eugenie Schwarzwalds breve til Karin Michaëlis i NKS 2731 på KB

63 Forlagskontrakten findes i Karin Michaëlis' arkivalier i Randers ligesom andre kontrakter og notesbøger samt en del breve. Disse papirer blev overgivet af Karin Michaëlis' niece Ida-Gro Dahlerup i 1973 til Randers Lokalhistoriske Arkiv i søstrene Karin Michaëlis' og Alma Dahlerups fødeby Randers

64 Dette og de i det følgende citerede breve fra Hedvig Collin til Karin Michaëlis findes på KB i NKS 2731.

65 De nævnte udgaver af Karin Michaëlis' *Den grønne Ø* er: *Die grüne Insel*, Berlin 1933, *L'Isola Verde*, Milano 1933, *Zeleny ostrov*, Prag 1933, *Het groene eiland*, Rotterdam 1937, *The Green Island*, London 1937? og den danske udgave *Den grønne Ø*, København 1937.

66 Ifølge brev fra Gyldendal januar 1947 med salgsopstillling for året 1946, NKS 2731 på KB.

67 Det hedder i anmeldelsen: "Karin Michaëlis har for at faa Baggrund for sin nye Ungdomsbog "Den grønne Ø" maattet "drukne" omtrent hele Danmark i et undersøisk Vulkanudbrud." De 1600 overlevende beslutter som sidste udvej at trække lod – "og Loddet rammer en Dreng – ellers var der aldrig blevet en Ungdomsbog ud af det." De laver skolereformer: "Mellemskole uden Matematik og Geografi, de sætter ny Industri i Gang: Tøj af Brændenælder, og endelig afskaffer de Ejendomsretten."- og hedder det videre:
"Det er unægtelig ikke helt ligegyldigt, hvad de Unge faar at læse, og det kunde være, at en og anden Forældre burde kikke lidt i denne Bog, før de forærer den til deres store Dreng. Paa den anden Side vil denne Form for Propaganda næppe faa stor Udbredelse – "Den grønne Ø" er hverken særligt

129

underholdende eller spændende, den er alt for overgemt klog til at være en Ungdomsbog. (-n)."
68 Om dette og andre lokale forhold på Thurø se endvidere B. Hansen *Thurø før og nu*, Svendborg 1960 og *Historier fra Thurø*, Svendborg 1995 samt *Flere historier fra Thurø*, Svendborg 1996.
69 A.C.V. Hansen havde skrevet dagbøger i de mange år, han arbejdede for Det store Nordiske Telegraf-Selskab, og samlet talrige fotos og prospektkort fra ruslandsopholdet. Alt dette dannede grundlag for selvbiografien: A.C. V. Hansen: *Paa yderste Forpost for Det store Nordiske Telegraf-Selskab*, Odense 1950. A.C.V. Hansen begyndte at skrive bogen allerede i 1922, og måske har han vist sine optegnelser og billeder til Karin Michaëlis. I bogen gør han meget forbitret op med Store Nordiske, der ifølge Hansen ikke behandlede sine udstationerede danske medarbejdere ordentligt, hverken økonomisk eller menneskeligt. Hele Karin Michaëlis' omfattende samling af fotos og billedmateriale fra Første Verdenskrig var i øvrigt i A.C. V. Hansens besiddelse og blev overdraget af ham til Det kongelige Bibliotek i 1958. Se også Birgit S. Nielsen *Karin Michaëlis og Tyskland*, Fund og Forskning bd. 39, 2000, s. 171.
70 Dette synes at bekræftes af Inga-Britt Olsen, der er gift med præsten på Thurø, og som i lang tid har interesseret sig for Karin Michaëlis. Hun sendte mig i 1998 en kopi af en båndoptagelse med Kaj Hansen, optaget af Carl og Ruth Askegaard, der bor i det hus, hvor familien Hansen en tid boede på Thurø. På båndoptagelsen bekræfter Kaj Hansen, at Karin Michaëlis forgudede ham og ville adoptere ham. Han er forbilledet for Torben i romanen. Hun foreslog, at han skulle kalde sig Kaj Kjakta Hansen, Kaj Hansen var for kedeligt. Men det blev afvist af myndighederne. I Karin Michaëlis' dedikation i den danske udgave af *Den grønne Ø* er det særlige navn fastholdt.
71 Mange af hendes bøger udkom på russisk: *Lillemor, Glædens Skole, Den farlige Alder* og *Mor*. Hun tøvede med at rejse til Sovjetunionen og har været kritisk under påvirkning af Emma Goldman og Alexander Berkman. Hun kendte deres kritik af Stalins diktatur. Senere var hun tilbøjelig til at betragte sådanne "fejl" som "begyndervanskeligheder", jfr. hendes biografi *"Little Troll"* New York 1946, s. 216.
Kærligheden til Rusland er også tydelig i hendes Ex libris, som er tegnet af Marie Hjuler, og som forestiller en globus med to store vinger. Den del af jordkloden, som vender hen mod betragteren, viser Europa, Afrika og Asien. Og netop i den østlige del af Sibirien er der tegnet et hjerte, hvilket Marie Hjuler fremhævede privat i en samtale over for mig.
72 Som tidligere nævnt havde Karin Michaëlis en plan om at skrive en hel roman om Carl Baggesen. Den 23. maj 1931 skrev hun en meget smuk nekrolog over ham i *Politiken*. Der er mange detaljer fra Baggesens liv (og fra nekrologen), der er indgået i "portrættet" i *Den grønne Ø*.
73 I en samtale med Rikke Madsen, Niels Hansens datter, blev en del træk bekræftet. Niels Hansens svigerfar, en rig og konservativ tandlæge, var stærkt imod datterens ægteskab med den ubemidlede Niels Hansen. Han malede netop mange billeder af sin familie og Karin Michaëlis købte et male-

ri, som Niels Hansen havde malet af datteren Rikke. Da datteren ikke blev konfirmeret og altså ikke fik gaver af nogen således som alle de andre børn, gav Karin Michaëlis hende en kostbar guldring med en rubin.
74 Det gælder sikkert figurerne: rederen Martin "Lukretia", mønster-gårdmanden Trannum Bang, Elektricitets-Madsen, og mølleren. Øens rigeste, men gerrige mand "kongen", har efter al sansynlighed en kendt skikkelse Per Gut (Hansen) som model. Han byggede sin gård på "Øen", en lille sandet ø tæt på kysten, så han undgik at skulle betale ejendomsskat, for strandsand var skattefrit område.
75 Kronikken *Levende Model* var foranlediget af to nøgleromaner, der vakte opsigt i tiden, af Emil Bönnelycke og Jo Jacobsen. Jo Jacobsen, der var gift ind i familien Jacobsen (Carlsberg), forlod ægteskabet og skrev giftigt om sin tidligere svigerfamilie.
76 Sidehenvisningerne til romanen refererer, hvis intet andet er angivet, til den danske udgave af *Den grønne Ø*, København 1937.
77 Hun besøgte Wienerwald med Hugo Breitner, *Lys og Skygge*, op. cit. s. 80-83.
78 Blandt Genia Schwarzwalds breve til Karin Michaëlis, NKS 2731 KB.
79 Sidehenvisningerne ved de tyske citater refererer til den tyske udgave af Karin Michaëlis *Die grüne Insel,* Berlin 1933.
80 Karin Michaëlis *Hemmeligheden*, bd. 3 af *Træet paa Godt og Ondt*, København 1926, s. 46
81 Citeret efter Birgit S. Nielsen: Karin Michaëlis i: Steffen Steffensen: *På flugt fra nazismen*, København 1987, s. 64-65.
82 I NKS 2731 i KB
83 Talen holdt Marie Hjuler i 1973 i Randers. I privateje.
84 Udateret brev fra august 1933 til Marie Hjuler i NKS 2731 på KB.
85 Brevet fra Brecht og Weigel findes i NKS 2731 på KB. Det er offentliggjort sammen med de andre breve fra Helene Weigel til Karin Michaëlis i: Birgit S. Nielsen: Die Freundschaft Bert Brechts und Helene Weigels mit Karin Michaelis. Eine literarisch-menschliche Beziehung im Exil. in: *Die Künste und die Wissenschaften im Exil 1933-1945.* hgg. von E. Böhne u. W. Motzkau-Valeton, Stuttgart 1992.
86 Karin Michaëlis: *Dänemark* i: Julius Epstein (Herausgeber) *Weltgericht über den Judenhaß*, Prag 1935, s. 170-175.

BIBLIOGRAFI

Det vigtigste arkivmateriale vedr. Karin Michaëlis findes i NKS 2731 og andre samlinger, først og fremmest Troensegaard Autografsamling på Det kongelige Bibliotek i København. En mindre del findes i Randers Lokalhistoriske Arkiv. En del breve, der citeres, findes i privateje (Hans Deichmann, Else Siegle, Ida Bachman).

Nordentoft, Inger Christine: *Karin Michaëlis. En bibliografi.* Danmarks Biblioteksskole 1976 (maskinskrevet).
Jespersen, Hanne: *Forfatterinden Karin Michaëlis. En registrant.* Arkivalier i Det kongelige Bibliotek Håndskriftafdelingen, Billedsamlingen samt Randers Lokalhistoriske Arkiv, udarbejdet af Hanne Jespersen under medvirken af Peter Bondesen. København 1985.

Af Karin Michaëlis' omfattende produktion, der strækker sig fra 1898 til 1950, anføres følgende udvalg:

Barnet. København 1902. *Das Kind* Berlin 1902
Lillemor. København 1902. *Das Schicksal der Ulla Fangel.* Berlin 1902.
De smaa Mennesker. København 1906. (18 fortællinger hovedsageligt om børn).
Den farlige Alder. København 1910. *Das gefährliche Alter.* Berlin 1910. Den danske udgave genudgivet København 1987 (efterord af Dorrit Willumsen). Den tyske udg. genudgivet i Freiburg 1998.
Kvindehjerter. En Brevveksling (sammen med Betty Nansen). København 1910.
Glædens Skole. København 1914 (om Eugenie Schwarzwald).
Weiter leben. Kriegsschicksale. München 1914 (ni fortællinger).
Die neuen Weiber von Weinsberg. Berlin, Wien 1916 (roman). *Kvindelil. Din Tro er stor.* København 1925.
Krigens Ofre. København 1916, *Opfer. Kriegs- und Friedenswerke an der Donau.* Wien, Leipzig 1917.
Mette Trap og hendes Unger. København 1922.
Syv Søstre sad. København 1923. Genudg. på dansk 1949 og 1957.
Der Fall d'Annunzio. Potsdam 1925.
Træet paa Godt og Ondt: Pigen med Glasskaarene. København 1924. *Lille Løgnerske.* København 1925. *Hemmeligheden.* København 1926. *Synd og Sorg og Fare.* København 1928. *Følgerne.* København 1930.
Bibi-bøgerne, illustr. af Hedvig Collin: *Bibi. A Little Danish Girl.* New York 1927. *Bibi.* Berlin 1928. *Bibis große Reise.* Berlin 1929. *Bibi und Ole.* Berlin 1930. *Bibi und die Verschworenen.* Berlin 1931. De fire første bind udkom samlet i en kassetteudgave Berlin 1931 og i en billig "Volksausgabe" Berlin 1932.
Bibi in Dänemark. Zürich 1937. *Bibi lernt Landwirtschaft.* Zürich 1938.

Bibi-bøgerne er genudgivet på tysk i Wien 1971-74 og igen i Freiburg i. B. 1993-96. Den danske udgave af *Bibi*-bøgerne med undertitlen: *En lille Piges Liv*: *Bibi*. København 1929 (2. oplag 1934). *Bibis store Rejse*. København 1930. *Bibi og Ole*. København 1931. *Bibi og de Sammensvorne*. København 1932. *Bibi paa Ferie*. København 1935. *Bibi bliver Landmand*. København 1939. *Bibi og Valborg*. København 1939.
Hjertets Vagabond (om Kirsten Kjær). København 1930.
Das Antlitz des Kindes. Bilder und Studien aus der Welt unserer Kinder. Herausgegeben von Karin Michaelis. Mit 150 Bildern. Berlin 1931.
Justine. København 1931.
Dänemark in: Epstein, Julius (udg.) *Weltgericht über den Judenhaß*. Prag 1935, s. 170-175.
Mor. København 1935. *Nielsine die Mutter.* Zürich. 1935.
Lotte Ligeglad (illstr. af Marie Hjuler) København 1936. *Die Gormsenkinder.* Zürich 1936. Genudgivet på dansk 1957 og 1964.
Den grønne Ø. København 1937. *Die grüne Insel*. Berlin 1933. *L'Isola Verde*. Milano 1933. *Zeleny ostrov.* Prag 1933. *Het groene eiland*. Rotterdam 1937. *The Green Island*. London 1937?
Little Troll. New York 1946 (selvbiografi). *Der kleine Kobold*. Wien 1948, genudg. Freiburg 1998
Vidundelige Verden, bd. 1-3 København 1948-1950 (ikke fuldendt selvbiografi): Bd.1 *Pigen med Glasskaaarene, Lille Løgnerske*. København 1948. 2. bd. *Farlig Famlen*. København 1949. *Lys og Skygge*. København 1950.

Anden litteratur

Albeck, Ulla: *Karin Michaëlis*; i: *Danske digtere i det 20. årh..* København 1951.
Andersen, Tine: *Fantasien som drivkraft i kampen for en anden virkelighed* (s. 81-94) og sammen med Klitgaard Povlsen, Karen: *Karin Michaëlis* (s. 65-68); i: *Overgangskvinden. Kvindeligheden som historisk kategori – kvindeligheden 1880-1920*, redig. af Bryld Mette et al. Odense 1982.
Berkman, Alexander: *En anarkists fengselserindringer. Oversatt efter originalen av Karin Michaëlis*, Oslo 1926. Forord af Karin Michaëlis s.V-X.
Björkman-Goldschmidt, Elsa: *Vad sedan hände*. Stockholm 1954.
Bertolt Brecht Briefe. (udg.) Günter Glaeser. Franfurt a.M. 1981.
Dahlerup, Pil: *Det moderne gennembruds kvinder*. København 1983.
Dalager, Stig, Mai, Anne-Marie: *Danske kvindelige forfattere*. København 1982. Bd.2 s. 63-69.
Dons, Aage: *Uden at vide hvorhen*. København 1976.
Deichmann, Hans: *Leben mit provisorischer Genehmigung*. Wien 1988.
Epstein, Julius (udg.): *Weltgericht über den Judenhaß*. Prag 1935.
Fabricius, Susanne: *Karin Michaëlis*; i; *Danske digtere i det 20. årh.*, 3. udg. 1980.
Fabricius, Susanne: *Karin Michaëlis*; i: *Dansk Biografisk Leksikon*, 1981 bd. 9.
Göllner, Renate: *Kein Puppenheim. Genia Schwarzwald und die Emanzipation*. Wien 1996.

Hansen, A.C.V.: *Paa yderste Forpost for Det store Nordiske Telegraf-Selskab.* Odense 1950.
Hansen, B.: *Thurø før og nu.* Svendborg 1960.
Herdan-Zuckmayer, Alice: *Genies sind im Lehrplan nicht vorgesehen.* Frankfurt a.M. 1979.
Historier fra Thurø. Svendborg 1995. *Flere historier fra Thurø.* Svendborg 1996.
Höger, Alfons: *Das gefährliche Alter*; i: *Kindlers Literaturlexikon.* München 1986.
Iversen, Mette: *Karin Michaëlis: Den farlige Alder*; i: *Litteratur og Samfund* (47) 1975.
Juncker, Beth: *Det farlige liv. Om Karin Michaëlis*; i: Elisabeth Møller Jensen (udg.) *Nordisk kvindelitteraturhistorie*, bd. 3 1996, s. 218-224.
Kebir, Sabine: *Abstieg in den Ruhm. Helene Weigel. Eine Biographie.* Berlin 2000.
Klein, Melanie: *Infantile Anxiety-Situations Reflected in a Work of Art and in the Creative Impulse.*1929; i: Klein, Melanie: *Love, Guilt and Reparation.* London 1975.
Klitgaard Povlsen, Karen: *Karin Michaëlis* (sammen med Andersen, Tine): *Den forsømte seksualitet. Om spændingen mellem autonomi og intimitet (Karin Michaëlis)*; i: *Overgangskvinden. Kvindelighed som historisk kategori – kvindeligheden 1880-1920.* Odense 1982.
Klitgaard Povlsen, Karen: *Karin Michaëlis*; i: *Dansk Kvindebiografisk Leksikon.* København 2001, bd. 2.
Klüsener, Erika: *Else Lasker-Schüler.* Hamborg 1980.
Kristiansen, Børge og Nielsen, Birgit S.: *Hermann Brochs dänischer Emigrationsplan*; i: *Text & Kontext* 7.2 København 1979, s. 105-122.
Lasker-Schüler, Else: *Gesichte*; i: *Der Prinz von Theben und andere Prosa.* München 1986, s. 156-57.
MacKinnon, S.: *Agnes Smedley: The Life and Times of an American Radical.* Berkely 1988.
Mann, Klaus: *Der Wendepunkt.* Frankfurt a.M. 1960.
Munk Rösing, Lilian: *Psykoanalyse*; i: *Literaturens tilgange – metodiske angrebsvinkler*, red. af J. Fibiger et al. København 2001.
Nielsen, Birgit S.: *Karin Michaëlis' hjælp til tyske emigranter*; i: Steffen Steffensen: *På flugt fra nazismen. Tysksprogede emigranter i Danmark efter 1933.* København 1986, s. 33-58.
Nielsen, Birgit S.: *Die Freundschaft Bert Brechts und Helene Weigels mit Karin Michaëlis*; i: Die Künste und Wissenschaften im Exil 1933-45 (udg. Böhne, E. og Motzkau-Valeton, W.) Stutgart 1992, s. 71-96.
Nielsen, Birgit S.: *Karin Michaëlis og Tyskland. Karin Michaëlis' humanitære og protyske engagement under Første Verdenskrig og i årene frem til 1933*; i: *Fund og Forskning* bd. 39, 2000, s. 149-181.
Rilke, R. M.: *Karin Michaelis: Das Schicksal der Ulla Fangel*; i: Rilke, R. M.: *Werke.* Frankfurt a.M. 1965.
Rimestad, Christian: *Karin Michaëlis*; i: *Dansk Biografisk Leksikon* 1938, bd. 15, s. 570-573.
Ruhland, Ch.: *Protest gegen "Das gefährliche Alter" von Karin Michaelis in Briefen.* Halle 1911.

Smedley, Agnes: *Kun en Kvinde*. København 1933. Forord af Karin Michaëlis.
Storm Nielsen, Harald (pseudonym: Fionador): *Livet i Konflikt med Loven*. København 1929.
Storm Nielsen, Fionador: *Medfange Nr. 33*. København 1930.
Storm Nielsen, Fionador: *Bankesystemets Hemmelighed*. København 1930.
Streibel, R. (udg.): *Eugenie Schwarzwald und ihr Kreis*. Wien 1996.
Wamberg, Niels Birger: *Karin Michaëlis*; i: *Danske digtere i det 20. årh.*, København 1965, 2. udgave.
Winge, Mette: *Dansk børnelitteratur 1900-1945 – med særligt henblik på børneromanen*. København 1975.